BRUNO FORTE

Viver com Amor

Sobre a fé e a experiência de Deus

EDITORA
SANTUÁRIO

DIREÇÃO EDITORIAL:
Pe. Fábio Evaristo Resende Silva, C.Ss.R.

CONSELHO EDITORIAL:
Avelino Grassi
Ferdinando Mancilio
Marlos Aurélio
Mauro Vilela
Victor Hugo Lapenta

COORDENAÇÃO EDITORIAL:
Ana Lúcia de Castro Leite

REVISÃO TÉCNICA:
Vera Regina Polillo

COPIDESQUE:
Luana Galvão

REVISÃO:
Cristina Nunes

DIAGRAMAÇÃO E CAPA:
Junior dos Santos

TRADUÇÃO:
Pe. Renato da Silva Machado

Título original: *Lettere Dalla Collina* – Sulla fede e l'esperienza di Dio
© Mondadori Libri S.p.A., Milano, 2015
ISBN 978-88-04-64796-6

Dados Internacionais De Catalogação Na Publicação (CIP)
(Câmara Brasileira Do Livro, SP, Brasil)

Forte, Bruno
  Viver com amor: sobre a fé e a experiência de Deus / Bruno Forte; tradução Renato da Silva Machado. – Aparecida, SP: Editora Santuário, 2016.
  Título original: Lettere dalla collina: sulla fede e l'esperienza di Dio.

  ISBN 978-85-369-0446-7

  1. Cristianismo 2. Experiência religiosa 3. Fé 4. Vida cristã I. Título.

16-04439   CDD-248.2

Índices para catálogo sistemático:
1. Experiência de Deus: Cristianismo 248.2

1ª impressão

Todos os direitos em língua portuguesa
reservados à **EDITORA SANTUÁRIO** – 2016

 Composição, em CTcP, impressão e acabamento:
EDITORA SANTUÁRIO – Rua Padre Claro Monteiro, 342
Fone: (12) 3104-2000 — 12570-000 — Aparecida-SP.

SUMÁRIO

Introdução 5
1. O sentido da vida 7
2. Procurar Deus 13
3. Encontrar Deus 21
4. O Deus que é amor 27
5. O Deus entre nós 33
6. O Senhor Ressuscitado 41
7. O Espírito Santo 49
8. A Trindade Divina 55
9. Deus fala! 63
10. A fé 69
11. A caridade 75
12. A Igreja 81
13. O Pão da esperança 89
14. O perdão para viver 95
15. A oração 103

16. A provação 109

17. A vocação 115

18. O amor 121

Epílogo 127

INTRODUÇÃO

Nascidas do desejo de comunicar o dom da fé, a alegria da oração e a experiência do amor divino a todos os que estão em busca deles, estas cartas querem falar a teu coração. Não têm a pretensão de explicar tudo. Querem somente ajudar-te a formular perguntas que importam e pensar. Lê-as como uma mensagem de amizade, uma proposta para aproximar-te da experiência da fé no Senhor Jesus.

Eu as escrevi meditando e rezando na casa onde moro, situada sobre a colina de uma cidade, onde fui chamado a viver como pastor de meu povo. A imagem da colina me sugere a ideia de que estas páginas estejam entre a planície de nossa vida cotidiana e o céu de nossas esperanças, carregadas das obras e dos dias de todos e abertas à luz que o Eterno oferece do alto a quem procura seu rosto.

Apresento-as a ti como um pequeno meio para descobrir um pouco mais a beleza de Deus e para, simultaneamente, percorrermos um trecho de estrada na grande peregrinação da vida e do tempo rumo à pátria, onde Ele será tudo em todos. Lê-as na ordem em que as apresento ou naquela que mais te agradar ao percorrer o índice, detendo-te naquelas que mais parecerem falar a teu coração. Desde já rezo por ti que as queres ler e te peço para rezar por mim.

Natal do Senhor, 2014

1

O Sentido da Vida

Que sentido tem minha vida? É a pergunta que me fizeste, dando voz assim à inquietude mais profunda de teu coração. É uma pergunta importante e estou contente que tu me a tenhas feito, porque isso significa que és uma pessoa que se arrisca na busca da verdade e que em teu íntimo crês na dignidade da vida, que nos foi doada. É verdade que nem todos parecem fazer-se essa pergunta, embora esteja convencido de que ela esteja presente em cada um

Viver com Amor

como uma angústia escondida, um desejo indelével, que assim permanece mesmo quando não é expresso. Se me perguntas o porquê dessa minha convicção, não hesito em responder-te que nos interrogar sobre o sentido do que escolhemos e fazemos nos ajuda a ser mais ricos de humanidade, motivados e abertos à felicidade, da qual temos necessidade como do ar que respiramos. Dar sentido à vida é permitir a nossa alma respirar, e o respiro da alma é o que nos faz viver verdadeiramente.

O sentido da vida não é, em suma, algo irrelevante: quem pensa dele prescindir logo se aperceberá que seus atos são como fragmentos sem comunicação entre si, e a soma de seus dias lhe parecerá, cedo ou tarde, um fardo pesado. Quando, ao invés, tu te levantas de manhã e tens um propósito para viver, tudo fica diferente e até mesmo a fadiga do cotidiano torna-se sustentável ou verdadeiramente bela e digna de ser enfrentada. Se, depois, refletes sobre este propósito, aperceber-te-ás que ele nunca é simplesmente uma coisa qualquer: não se pode viver somente para o ter, o prazer ou o poder. Mesmo que atraentes, o fascínio das coisas, o uso gratificante e o domínio delas passam depressa, deixando uma percepção de vazio na alma. O dar sentido à vida é, antes, Alguém. Um antigo provérbio afirma de maneira

1. O Sentido da Vida

incisiva: "Pode-se viver sem saber por que, mas não se pode viver sem saber por quem".

É por isto que se encontra o sentido da vida unicamente no amor: quem ama tem alguém por quem viver, lutar e esperar; tem um motivo suficiente para enfrentar e oferecer sacrifícios, um propósito que dá alegria ao coração pelo único fato de existir. Quem ama vai ao encontro da fadiga de cada dia com uma razão de vida e de esperança mais forte do que o preço a pagar, o suor e as lágrimas a verter. O amor é a alegria da vida, e uma existência sem amor é simplesmente triste e vazia. Se amas alguém e se teu amor é correspondido, tua alegria pode alcançar momentos intensíssimos, dos quais nem mesmo as maiores provações conseguem apagar a espera e a recordação. Pela mesma razão, o amor não amado, ou seja, aquele a quem não é dado ser correspondido na reciprocidade das consciências, pode, sim, dar sentido à vida, mas faz conhecer, também, a dor mais profunda e leva, às vezes, a atravessar as trevas mais densas. Sobretudo, o amor não perdoa a morte, não se rende diante da impossibilidade da presença visível do amado e sente o fim inexorável, ligado ao último silêncio, como ferida intolerável, limite insuportável.

Viver com Amor

É exatamente no limite da fragilidade e da caducidade de cada amor humano, até do maior, que nosso coração percebe a necessidade de um horizonte posterior, que seja custódia do amor e o salve com vínculos de eternidade. O sentido da vida não pode fixar-se naquilo que é mortal e penúltimo, por mais forte que seja o vínculo que os une: a vida tem sentido se a meta e a pátria, pela qual se vive, sofre-se e se ama, têm o misterioso poder de vencer a morte, de dar à nostalgia do coração inquieto um porto seguro de eternidade. É aqui que, na busca de sentido, dois amores se tocam: a cena do mundo que passa, e aquele que é, em pessoa, o amor mais forte que a morte, origem, seio e pátria de cada verdadeiro amor. Assim, a busca de sentido desemboca, com natural continuidade, na procura de Deus e de sua face, no desejo e na nostalgia do Totalmente Outro, que garanta a vitória última do amor sobre a morte, da vida sobre o nada.

Nas sendas da busca do sentido a dar às ações e aos dias, como luz do coração e força do caminho, passa-se inevitavelmente das coisas às pessoas a amar e, destas, ao início e à fonte de todo amor, meta e destino de cada vínculo de amor que dê sabor à vida. Aos que procuram o significado que torne digna e

1. O Sentido da Vida

bela a existência, também àqueles que conheceram a desilusão dos portos muito curtos e muito breves, investigadores do sentido perdido, o encontro com o amor pessoal de Deus, mistério do mundo, oferece-se como liberdade doada: liberdade do medo e da dor da falta de sentido; dom não merecido nem produzido pelas nossas mãos, oferta de gratuidade que vem a nós, surpreende-nos e ilumina todos os espaços da alma desde que abramos a porta de nosso coração. É o que nos assegura a palavra da promessa: "Eis que estou à porta e bato. Se alguém ouvir minha voz e me abrir a porta, eu entrarei em sua casa e cearei com ele, e ele comigo" (Ap 3,20).

Peçamos, então, a Deus para nunca nos cansarmos de dar sentido a nossa vida, direcionando-nos a meta que a torna significativa e bela, digna de ser vivida. Possamos fazê-lo com as palavras de John Henry Newman, um grande investigador da verdade, a quem foi dado atracar no porto tão desejado. Em 1833, sobre a nave que o levava da Sicília a Nápoles, em sua primeira viagem à Itália, a neblina que avistara lhe aparece como uma imagem humana, figura de quem, na escassa visibilidade do horizonte, procurou um sentido para a vida: "Guia-me tu, luz gentil, através

Viver com Amor

da escuridão que me circunda, guia-me tu! A noite é escura e estou longe de casa, guia-me tu! Sustenta meus pés vacilantes: eu não peço para ver o horizonte longínquo, um só passo é suficiente. Nem sempre foi assim, nem eu rogava para que tu me guiasses. Amava escolher e perscrutar meu caminho, mas agora sê tu a guiar-me! Amava o dia deslumbrante e, apesar do medo, meu coração era escravo do orgulho; não recordes os anos passados. Assim, há muito tempo, tua força me abençoou e, certamente, guiar-me-á, ainda, por outros brejos e pântanos, outros penhascos e torrentes, até que a noite tenha passado; e, ao romper a manhã, sorrir-me-ão aqueles rostos angelicais, que há muito amei e que arriscava ter perdido".

2

Procurar Deus

omo procurar Deus? Tento responder-te partindo de uma simples consideração: a condição humana é aquela de um contínuo sair de si mesmo para lutar contra a morte e caminhar em direção à vida. Neste êxodo ininterrupto apresentam-se tantas questões que nascem em nós do estupor diante do mistério no qual estamos envolvidos. Para quem crê, uma brecha de luz é oferecida pela Palavra daquele Deus, que tem "tido tempo" para o homem e saiu de seu silêncio, a fim de que nossa

Viver com Amor

história entrasse em seu amor e pudesse aí morar. Essa morada é a fé. Ela se pode dizer adulta quando vive em plenitude a experiência do encontro com o Deus, que vem a nós, de sua soberania que nos interpela e nos inquieta, da busca questionadora e aberta a suas surpresas. Por isso, a procura de Deus se inicia do escândalo. Infinitos são os testemunhos deste escândalo.

Kierkegaard diz com palavras precisas: "Nunca se chega à fé sem passar pela via do escândalo". Lutero, distinguindo no amor a Deus o amor captativo – "eu te amo porque tu me dás o Paraíso" – do amor oblativo – "eu te amo, porque te amo, porque tu és digno de ser infinitamente amado, seja o que for que queiras de mim" –, insiste em afirmar que o sinal mais alto do amor oblativo é a escandalosa palavra que diz "eu te amo, ó meu Deus, e te amarei sempre, mesmo que tu me quisesses no inferno". Se, porém, tu estivesses pronto a pronunciar esta palavra e a suportar o escândalo dela, então poderias dizer que amas a Deus, que o amas na gratuidade de quem está pronto a tudo e a quem, por isso, Ele abrirá com alegria as portas do céu.

São João da Cruz fala da "noite escura" do encontro com Deus de maneira não menos escandalosa: "Noite que me guiaste!/ Oh noite, mais amável que a aurora!/ Oh noite, que uniu/ o amado com a amada,/ a amada no amado transformada". A noite escura é o lugar das núpcias místicas: não se encontra Deus na facilidade da posse deste mundo, mas na pobreza da cruz, na noite dos sentidos e do espírito. Santa Teresinha do Menino Jesus não teve medo de descrever esta noite: "Jesus permitiu que minha alma fosse invadida pelas trevas mais densas, que o pensamento do céu, dulcíssimo para mim, não fosse mais senão luta e tormento... Precisava ter viajado nesta treva para compreender o que ela é... Mas, Senhor, a vossa filha percebeu a vossa luz divina. Pede-vos perdão pelos seus irmãos, aceita nutrir-se, por quanto tempo vós desejardes, do pão da dor e não quer levantar-se desta mesa cheia de amargura, na qual comem os pobres pecadores, antes do dia que vós tiverdes marcado" (*História de uma alma*. Manuscrito C). A treva é o lugar do amor provado, da fidelidade e da misteriosa aproximação do Deus vivente. É nela que cresce a fé. Somente depois de nos ter levado ao fogo da desolação, Cristo se oferece a nós como o Deus das consolações e da paz. Somente depois que tivermos aceitado amá-lo onde e como Ele quiser, tornar-se-á para nós a fonte da alegria que não conhece ocaso.

Assim, enquanto acolhimento do desafio e resistência apaixonada, a fé é luta com Deus, não repouso

Viver com Amor

tranquilo de uma certeza possuída. Quem pensa ter fé sem lutar não crê mais em nada. A fé é a experiência de Jacó. Deus é o assaltante noturno. Deus é o outro. Se tu não conheces Deus desta maneira, se Deus para ti não é fogo devorador, se o encontro com Ele é somente tranquila repetição de gestos sempre iguais e sem paixão de amar, teu Deus não é mais o Deus vivente. Por isso "Cristo estará em agonia até o fim do tempo" (Blaise Pascal): esta é a agonia dos cristãos, a luta de crer, a luta de amar! Deus é outro diferente de ti, livre em respeito a ti, como tu és outro em relação a Ele e livre em respeito a Ele. Ai de ti se perderes o sentido desta distância! Crer é dar o coração, que implica a contínua luta com um outro, que não se deixa capturar ou reduzir nossas medidas. Deus é outro diferente de nós. Eis porque a dúvida sempre habitará a fé. A palavra do Batista, o maior entre os filhos do homem, é prova disto: "És tu aquele que deve vir ou devemos esperar um outro?" (Mt 11,3). Quantos crentes experimentam escândalo diante desta palavra. O profeta, o precursor, antes da hora suprema do martírio, vive a dúvida. Esta é a fé adulta: lutar com Deus, saber que Ele é o outro, que não nos deixa sermos conduzidos por nossas presunções e certezas.

2. Procurar Deus

Se tudo isso é verdade, então não devemos procurar os simplórios sinais que demonstram a verdade daquele em quem nós cremos. Cremos em Deus, mesmo quando a resposta às perguntas de nossa dor permanecer guardada em seu silêncio. Sim, Deus é o guarda. Nele está guardada a Palavra da vida. Por isso o crente trata-se de um pobre ateu, que a cada dia se esforça para começar a crer. Se tal não fosse o crente, sua fé não seria outra coisa que uma garantia mundana, uma das tantas ideologias que tem enganado o mundo e produzido a alienação do homem. Sua luz permaneceria aquela do declínio das ideologias: "A terra inteiramente iluminada brilha de triunfal desventura" (Max Horkheimer – Theodor Adorno). Diversamente de toda ideologia, a fé é um contínuo converter-se a Deus, um contínuo entregar o coração, começando a cada dia, de modo novo, a experimentar a fadiga de crer, de esperar, de amar.

Assim, a fé adulta é também ganho: quando entendes que na luta com Deus vence quem perde, e perdidamente te entregas a Ele, quando te rendes ao Assaltante noturno e deixas que tua vida seja marcada para sempre por aquele encontro, como foi a vida de Jacó, então podes viver a fé como abandono e dizer com o

Viver com Amor

profeta Jeremias: "Seduziste-me Senhor, e eu me deixei seduzir; tu tornaste forte demais para mim e me dominaste... Dizia a mim mesmo: 'Não pensarei mais nele, não falarei mais em Seu nome!'. Mas, em meu coração, havia como um fogo ardente, encerrado em meus ossos; esforçava-me para contê-lo, mas não podia" (Jr 20,7.9). Nessas "confissões" de Jeremias encontramos talvez o maior testemunho da rendição da fé: ele é um homem que viveu a luta com Deus, mas que lutando soube aceitar a capitulação do amor a ponto de estar pronto a entregar-se perdidamente a Ele. É assim que a fé adulta se torna também experiência de profunda beleza e de paz. Não é a beleza que o mundo conhece, a sedução de uma verdade evidente, que explica tudo. A beleza que salvará o mundo é a beleza do Homem das dores, a beleza do amor crucificado, da vida doada, da oferta total de si ao Pai e aos homens. A alegria da fé está em ser discípulo do Crucificado. São Bernardo o disse com uma frase esculpida no poder da fé: "A amargura da Igreja é amarga quando a Igreja é perseguida, é mais amarga quando a Igreja é dividida, mas é amaríssima quando a Igreja se sente tranquila e em paz". A verdadeira paz da fé, a alegria que o mundo não conhece, a beleza que salvará o mundo não é a ausência de luta, de agonia, de paixão,

2. Procurar Deus

mas é o viver confiando-se perdidamente no Estrangeiro que convida o Deus vivente.

Nessa experiência do escândalo, da luta e da rendição o crente experimenta sua mais alta proximidade ao inquieto buscador de Deus: se o crente é um ateu que a cada dia se esforça para começar a crer, não será, talvez, o não crente pensativo, não outro que um crente que a cada dia vive a luta inversa, aquela para começar a não crer? Não, decerto, um ateu banal, mas quem vive a luta com consciência reta, quem, tendo procurado e não tendo encontrado, padece a infinita dor da ausência de Deus não será o outro lado de quem crê? Não é alta forma de respeito este reconhecer no outro, no diverso, não um perigo, mas um dom? E isto não nos fará amar o outro como ele é, por aquilo que é, procurando nele a verdade de nós mesmos e oferecendo, confiantemente, nós mesmos a ele? Não vem de tudo isto um único não: o não à negligência da fé, o não a uma fé indolente, estática e rotineira, feita de intolerância cômoda, que se defende condenando porque não sabe viver o sofrimento do amor? E não vem disto o sim a uma fé questionadora, também duvidosa, capaz de a cada dia entregar--se perdidamente ao Deus, aberto e oculto em sua Palavra? Se há uma diferença a marcar, então, talvez não

Viver com Amor

seja aquela entre crentes e não crentes, mas aquela entre pensantes e não pensantes, entre homens e mulheres que têm a coragem de viver o sofrimento, de continuar a procurar crer, esperar e amar, e homens e mulheres que renunciaram à luta, que parecem estar satisfeitos com o horizonte penúltimo e não sabem mais acender-se de desejo e de nostalgia do pensamento do último horizonte e da última pátria. Seja qual for o ato, mesmo o mais custoso, é digno de ser vivido para reacender em nós o desejo da verdadeira pátria, e a coragem de tender a ela, até o fim, para além do fim, nos caminhos do Deus vivo...

Com as palavras desta belíssima oração de Santo Agostinho, peçamos juntos a Deus o ardor na busca de seu rosto: "Senhor meu Deus, minha única esperança, faz que, cansado, não deixe de buscar-te, mas procure teu rosto sempre com ardor. Dá-me a força de procurar, tu que te fizeste encontrar e me deste a esperança de sempre mais encontrar-te. Diante de ti está minha força e minha fraqueza: conserva aquela, cura esta. Diante de ti está minha ciência e minha ignorância; onde me tiveres aberto, acolhe-me ao entrar; onde me tiveres fechado, abre-me quando bater. Faz que me recorde de ti, que te entenda, que te ame... Amém!" (Santo Agostinho. *A Trindade*, 15,28,51).

3

Encontrar Deus

Que significa encontrar Deus e fazer experiência de seu amor? Respondo-te partindo de um texto de Santo Afonso de Ligório, um pastor e teólogo, que sempre trouxe para sua reflexão a voz da experiência vivida: "As dores que mais afligem nesta vida as almas amantes de Deus não são a pobreza, as enfermidades, as desonras e as perseguições, mas as tentações e as desolações de espírito. Quando uma alma goza da amorosa presença de Deus, então todas as dores, as ignomínias e os maus-tratos dos homens, ao invés de a afligirem, mais a consolam, dando-lhe motivo para oferecer a Deus algum penhor de seu amor: são, em suma, lenha que mais acende o fogo. Mas o ver--se impelida pelas tentações a perder a graça divina ou o temor da desolação de já a ter perdido, estas são penas amaríssimas para quem ama de coração Jesus Cristo. Mas o mesmo amor dá-lhe força para sofrê--las com paciência e seguir o caminho da perfeição. E quanto avançam as almas com tais provações, que terrenos férteis faz Deus do seu amor!"(Santo Afonso de Ligório. *A prática do amor a Jesus Cristo*). Nesse texto são esboçadas as três faces de Deus, que quero mencionar para responder a tua pergunta, as faces do Deus em quem creio e de quem fiz e faço contínua experiência.

Antes de tudo, Deus é o consolador, aquele que dá alegria infinita ao coração de quem o ama e se deixa amar por Ele: quando Santo Afonso fala de quem "goza da amorosa presença de Deus", remete à experiência profunda e bela de quem se sente amado por Deus e crê nele como a fonte viva e inexaurível deste amor, que enche o coração de alegria. É aquilo que

3. Encontrar Deus

a Bíblia exprime falando de Deus como "guarda de Israel" (Sl 120,3.5), que vigia e protege seu povo, e o Novo Testamento indica com o termo "Paráclito", "Consolador" (por exemplo, em Jo 14,16.26; 15,26 e 16,7). O Deus bíblico não é uma ideia abstrata e distante, um ente numinoso e tremendo, mas uma presença viva, que dá paz e calor e, fazendo-te sentir amado por um amor infinito, sem arrependimentos, socorre-te e te torna capaz de amar além de qualquer medida de cansaço, para além das mesmas possibilidades de que dispões. Deus é próximo de ti, completa-te em tua solidão, dá sentido e paz a teus dias é a pátria de teu coração, o Consolador divino no tempo e na eternidade.

Não por acaso, o Deus da Bíblia é fogo devorador (Êx 24,17): tu o experimentas assim nos tempos de seu Silêncio, quando parece não responder a tuas invocações ou estar surdo ao gemido de tua dor ou quando percebes seu rosto como "chama de fogo" (Ap 19,12). Às vezes, pode parecer-te juiz severo, que exerce com mão pesada suas correções. Outras vezes te parece evidente sua derrota, que se mostra em seu amor não amado, na indiferença de tantos, no protesto ateu, na dor inocente, que devasta a terra, ou na devas-

Viver com Amor

tação das calamidades naturais e nas atrocidades das quais sabem ser capazes os seres humanos, que com as criaturas parecem matar o Transcendente mudo. Onde está Deus diante do sofrimento dos pequenos e dos pobres ou diante das injustiças sofridas por tantos? Por que não intervém em defesa dos fracos? A pena maior é quando essas objeções entram como lama em teu coração e te tentam a não crer nele, a não confiar mais em Deus, ou a pensar ter perdido seu favor e estar agora sozinho e sem Deus neste mundo. Nessas provações, como fogo que queima é a relação com Deus, mesmo que a Palavra assegure que Ele não nos abandona e que com a tentação nos dá a força para vencê-la: "Deus é fiel e não permitirá que sejais tentados além de vossas forças, mas com a tentação vos dará também o caminho de saída e a força para suportá-la" (1Cor 10,13). A quem persevera na noite e sabe manter a espera está prometido que o Amado não tardará a mostrar-se de novo.

É aqui que se percebe o rosto mais conturbador de Deus, mas também o mais importante para nós: Deus é o Deus conosco para sempre, o eterno Emanuel. Deus fez habitar em Cristo nosso sofrimento e nossa morte, para dar a nós a alegria e a vida. O Filho eterno se fez um de nós, carregando nossos pecados, para que Ele, o Inocente, pudesse obter para nós o perdão e a reconciliação com o Pai. Um Deus humano é totalmente diferente do homem divinizado dos mitos. O Deus "compassivo" é o oposto do Deus justiceiro. Contudo, no escândalo do Filho abandonado à morte na solidão da hora nona, tanto o Deus consolador quanto aquele que é fogo devorador se encontram: Deus é o outro tanto com respeito à lógica da espera e do conforto, quanto com respeito àquela da provação e do juízo. É por anunciar este Deus que o Evangelho parece escândalo e loucura: "Nós pregamos Cristo crucificado, escândalo para os Judeus, e estupidez para os pagãos" (1Cor 1,23).E é a fé neste Deus a pedra de confronto do cristianismo. É nesta suprema entrega de amor ao Deus crucificado que resplandece a luz da salvação: como Cristo não permaneceu prisioneiro da morte, assim não permanecerá capturado pelo mal quem, por amor a Deus, estiver pronto a aceitar qualquer provação ou serviço. A verdadeira questão não é, então, quem é Deus para ti, mas quem és tu diante de Deus, quem queres ser e se estás pronto a ser tudo e só o que Deus quer de ti. Crer em Deus é lutar e amar, amar e deixar-se amar. Confessar Deus é deixar que

Viver com Amor

Ele vença. O Deus próximo é o Deus que, dando-te tudo, pede-te tudo. O fogo de seu amor é exigente. A consolação de Deus não é graça que seja barata. Contudo, nada é mais belo que este morrer para viver, este perder-se para encontrar-se: "Quem tiver conservado para si a própria vida, perdê-la-á, e quem tiver perdido a própria vida por minha causa, encontrá-la-á" (Mt 10,39).

Com as reflexões de um grande teólogo do século XIX, abramo-nos à escuta da Palavra e do Silêncio de Deus, de quem ela provém e para quem se abre: "Então tu serás a última palavra, a única que permanece e não se esquece. Então, quando tudo silenciar na morte e eu tiver consumado meu saber e meu sofrer, então terá início o grande silêncio no qual só tu ressoarás, Palavra de eternidade. Então ficará muda cada palavra humana; ser e saber, consciência e experiência serão uma só coisa: 'eu conhecerei como sou conhecido', compreenderei aquilo que tu desde sempre me disseste: a ti, meu Deus. Não haverá palavra humana, nem imagem, nem conceito entre mim e ti; tu serás minha palavra de júbilo do amor, da vida que preenche cada espaço da alma" (Karl Rahner. *Tu sei il silencio*).

4

O Deus que é amor

Um Deus visceralmente enamorado pela sua criatura, de amor forte e fiel e, ao mesmo tempo, infinitamente capaz de ternura, Pai e Mãe de misericórdia. Este é o Deus da fé bíblica: "Sião disse: 'O Senhor me abandonou; o Senhor se esqueceu de mim'. Por acaso uma mulher se esquece de seu bebê de modo a não se comover pelo filho de seu ventre? Ainda que estas mulheres se esquecessem, eu, ao contrário, nunca me esquecerei. Eis que te

Viver com Amor

gravei nas palmas de minhas mãos" (Is 49,14-16). Um Deus que fala assim a sua criatura é tão maternal, que abre espaço em si mesmo à liberdade e à autonomia de seus filhos, como faz o seio de uma mulher para acolher em si uma nova vida. Esse é o mistério da humildade de Deus: ninguém pode ser humilde de verdade fora dele, porque só Ele pode verdadeiramente abaixar-se por amor, como fez por nós. Por isso São Francisco no *Cântico ao Deus altíssimo* lhe disse: "Tu és humildade!". Este Deus humilde e grande no amor deseja uma só coisa de nós: que nos voltemos a Ele, que retornemos livremente à casa de seu coração. Ele, que nos criou livres por amor, no amor espera nosso retorno. Entreveem-se aqui traços da parábola do Pai misericordioso, narrada por Jesus (Lc 15,11-32). O Deus da fé de Israel é totalmente diferente de um deus frio e distante, que esmaga o homem: é, ao contrário, o Deus da compaixão e da misericórdia, e o é também quando julga, porque seu juízo é sempre de verdade, que ilumina, de amor, que salva.

Jesus se dirige a esse Deus chamando-o de "pai", usando a palavra "abbá", que é o termo da ternura com o qual as crianças amavam dirigir-se ao pai e que também os adultos usavam para exprimir afetuosa con-

4. O Deus que é amor

fiança. Jesus foi o primeiro a dar a Deus este nome: ele ressoa na hora suprema da dor, quando tudo parece desabar e a solidão do Nazareno é total, porque até os discípulos não foram capazes de vigiar uma só hora com Ele. "Abbá, Pai, tudo te é possível, afasta de mim este cálice! Porém não o que eu quero, mas o que Tu queres" (Mc 14,36). Essa é a revelação do Pai, em cujas mãos Jesus entrega seu espírito. O Pai de Jesus é o Deus capaz de sofrer por amor a sua criatura: não só o Deus humilde, o Deus da compaixão e da ternura, mas também o Deus que paga o preço supremo do amor. Um verbo que volta continuamente nos relatos da paixão de Jesus nos faz entender isto: "entregar". Como Abraão está pronto a sacrificar Isaac por amor a Deus (Gn 22), assim o Pai de Jesus entrega o amado, o Isaac da nova e eterna aliança, por amor aos homens: "Ele que não poupou o próprio Filho, mas o deu por todos nós, como não nos dará todas as coisas junto com Ele?" (Rm 8,32). O Pai de Jesus sofre por amor: seu sofrimento não é sinal de fraqueza ou de limite, porque não é o sofrimento passivo, aquele que se suporta, não sendo possível evitá-lo. É, ao contrário, o sofrimento ativo, aquele aceito por amor. Aqui está a revelação do coração de Deus: O Pai é aquele que sofre, porque nos ama, porque nos criou livres e se expôs ao risco de nossa liberdade. Ele é como o Pai da parábola que espera nosso retorno e fará festa quando tivermos voltado, porque sofreu pelo nosso afastamento.

Nossa rejeição a seu amor não é indiferente, então, para o coração divino. Deus sofre por cada um dos pecados de seus filhos: e aceita sofrer por eles, porque os ama, porque quis criá-los livres e respeita a liberdade deles, mesmo quando é exercida contra Ele. Deus, o Pai, é amor (1Jo 4,8.16): amor sofredor, amor fiel, amor acolhedor, amor esperançoso que espera nosso retorno. Exatamente assim, o Pai de Jesus é o Pai dos discípulos, unidos na Igreja de seu amor. Uma palavra usada no Novo Testamento, sobretudo em João, faz-nos entender isto: "como". "Amai-vos uns aos outros, como eu vos amei" (Jo 15,12; 13,34); "Que eles sejam um, como nós somos um" (Jo 17,21.22). Os discípulos vivem no Espírito "como" o Filho na presença do Pai, deixando-se amar pelo Pai, fonte do eterno amor. A lei fundamental da Igreja é, por isso, a caridade de Deus, o amor. A Igreja é a Igreja do amor, que brota do Pai: uma Igreja sem amor é um corpo sem alma, um esqueleto sem carne. Tudo na Igreja deveria nas-

4. O Deus que é amor

cer do amor: sem amor, tudo se torna burocracia, peso que sufoca. O amor é a lei fundamental da Igreja daqueles que, confiando-se a Jesus, creem no amor do Pai. Aquele "como" nos faz entender que a Igreja vive da lei fundamental de deixar-se amar pelo Pai, para depois amar o Pai por meio de Cristo no Espírito, amando-nos uns aos outros. É o Pai que nos torna filhos seus e irmãos entre nós, na força do amor, do qual nos fez e nos faz sempre dom, mesmo quando o faz permanecendo escondido no silêncio! Por isso a Ele podemos dirigir-nos com estas pungentes palavras de um dos mais profundos e apaixonados pensadores cristãos: "Tu falas mesmo quando calas... Tu calas por amor como tu falas por amor, de modo que, quer tu cales ou fales, és sempre o mesmo Pai, quer nos guies com tua voz ou nos eduques com teu silêncio" (Soren Kierkegaard. *Diário*).

5

O Deus entre nós

Perguntas-me: quem era verdadeiramente Jesus? Respondo-te antes de tudo acenando com alguns dados históricos: seu nascimento acontece durante o império de Augusto, antes de 4 a.C., data da morte de Herodes, o rei que quis a matança dos inocentes pelo temor nele suscitado a partir das informações dos Magos acerca do nascimento do esperado "rei dos Judeus" (Mt 2,1-12; Lc 1,5). Para fugir dessa matança, a família de Jesus foi para o Egito, onde permaneceu até a morte do soberano: Jesus conheceu assim, desde pequeno, a condição de refugiado. A família provinha da Judeia, de Belém, para onde se dirigiu, por isso, para o recenseamento. A cidade de residência era Nazaré, no território da Galileia, um pequeno vilarejo cujo nome remete a "nezer", rebento, e evoca, assim, a espera messiânica do rebento davídico (Is 11,1). Repovoado por volta do fim do século II, o vilarejo foi provavelmente habitado por um clã davídico, chamado dos Nazareus, animado por um vivo fervor messiânico. Talvez também pelo contraste entre este ardor de seus habitantes e a terra semipagã na qual foram habitar, Nazaré era desprezada pelos piedosos israelitas: "De Nazaré", pergunta Natanael, "pode porventura vir algo de bom?" (Jo 1,46).

A mãe Maria era esposa de um homem, José, carpinteiro: este foi provavelmente o ofício do jovem galileu. Jesus nasceu da Senhora, virgem mãe, concebido pelo Espírito Santo. José, homem justo, confiou nas palavras ditas a ele em sonho pelo Anjo e aceitou a missão, doce e exigente, de ser o protetor de Maria e do Menino. O Nazareno pertencia a um clã de parentes estreitos, certamente solidários entre eles – chamados, às vezes, também de "irmãos" no sentido de primos –, que, ao início de sua vida pública, mostraram-se até mesmo escandalizados com Ele: "Os seus saíram para ir prendê-lo; já que diziam: 'Está fora de si'" (Mc 3,21). Na casa de Jesus se conhecia certamente o hebraico, pela assiduidade às Escrituras, mas se falava normalmente o aramaico galileu, o dialeto pelo qual Pedro será reconhecido no pátio do Sumo Sacerdote (Mt 26,73). Em virtude dos contatos dos quais fala o Evangelho se pode supor que Jesus entendesse o grego e o latim, línguas comuns do Império romano. Foi evidenciado que sob o *Pai-nosso*, transcrito em grego no Novo Testamento, há um substrato aramaico: Jesus pregava em dialeto, com absoluta espontaneidade e confiança.

Depois do batismo recebido de João e de um tempo vivido no deserto, Jesus deu início a sua vida pública, primeiramente na Galileia, em torno do lago de Tiberíades, depois na Judeia, em Jerusalém. Tinha cerca de trinta anos (Lc 3,23): sua vida pública se desenvolve em três anos (João fala de três Páscoas: 2,13; 6,4; 11,55), ainda que, com base nos Sinóticos, se pudesse supor que tudo se tenha concentrado em um único ano, sob o império de Tibério (14-37), quando Herodes era tetrarca da Galileia. Sua morte foi um evento público: a execução aconteceu na vigília da Páscoa hebraica, que caiu em 14 de Nisan, do ano em que existiam contemporaneamente os personagens citados nos Evangelhos, Erodes Antipas, Caifás, Pôncio Pilatos, Tibério César. Pode-se, assim, indicar, com grande probabilidade, 7 de abril do ano 30 d.C como a data da crucificação de Jesus. Até aqui, os dados cronológicos. E seu mundo interior? Dois relatos – colocados respectivamente no início e no fim da ação pública de Jesus – mostram-no empenhado em fazer a escolha decisiva diante de sua vida e de sua morte: as tentações no deserto e a agonia do Getsêmani.

O relato das tentações apresenta Jesus empenhado diante de sua missão: é a hora do discernimento pleno de sua vocação e da livre resposta a ela. "Precisamente por ter sido posto à prova e ter sofrido pessoalmente, Ele é capaz de vir em ajuda àqueles que se submetem à prova" (Hb 2,18). Nas provações Ele "aprendeu a obediência" (Hb 5,8). Pode-se pensar que a tentação tenha sido a mesma que Adão conheceu: a confiança em si e no poder do mundo, ao invés da confiança em Deus e em sua "fraqueza", "o amor a si até o esquecimento de Deus, ou o amor a Deus até o esquecimento de si" (Santo Agostinho). Jesus escolhe o Pai: prefere a obediência a Deus e a abnegação a si à obediência a si, implicando a negação de Deus. Jesus, assim, afirma-se livre de si, livre para o Pai e para os outros, livre na liberdade do amor.

5. O Deus entre nós

A agonia do Getsêmani mostra, no entanto, Jesus diante de sua morte: está no fim de seu caminho, no momento em que se lhe é posta adiante a extrema consequência de sua escolha de amor. Ele sente, até o suor de sangue, o peso da iminente provação suprema. Os evangelistas falam de sua angústia, de sua tristeza, de seu medo. Humaníssimo Senhor, Ele avisa sobre uma imensa necessidade da proximidade de amigos: "Fiquem aqui e vigiem comigo" (Mt 26,38). Mas é deixado só, tremendamente só diante de seu futuro, como acontece nas escolhas fundamentais de homem: "Não fostes capazes de vigiar uma única hora comigo?" (Mt 26,40).

Ainda uma vez se lhe é posta adiante no modo mais violento, a alternativa radical: salvar a própria vida ou perdê-la, escolher entre a própria vontade e a vontade do Pai: "Abbá, Pai! Tudo é possível a ti, afasta de mim este cálice" (Mc 14,36). No momento em que confirma o "sim" de sua liberdade radical, agarra-se totalmente ao Pai e o invoca com o nome da confiança e da ternura: "Abbá!... Não o que eu quero, mas o que tu queres". O "sim" de Jesus nasce do amor sem reservas: a sua é a liberdade do amor! Transparece, assim, a opção fundamental de Jesus, a escolha na qual aposta tudo "Eis que venho para fazer, ó Deus, a tua vontade" (Hb 10,9).

Viver com Amor

Jesus se coloca como homem totalmente livre por amor, totalmente voltado ao Pai e aos outros. Ele testemunha como ninguém ser tão livre quanto quem é livre da própria liberdade por motivo de um amor maior. Livre de si, Jesus vive para o Pai e para os outros: esta é sua opção fundamental, que faz dele verdadeiramente "um homem livre". Por força da fidelidade a esta escolha, pode-se dizer que toda a sua vida é orientada à oferta de si até o fim. Ao tempo das primeiras rejeições, o Nazareno foca a escolha, que marcará toda a sua ação e, a saber, a viagem a Jerusalém, a "cidade do grande rei" (Mt 5,35), onde os destinos dos profetas devem cumprir-se. Jesus para lá se dirige "decididamente" (Lc 9,51), "endurecendo sua face", caminhando à frente dos seus. Na cidade de Davi, o embate com os poderosos de seu tempo alcança o ápice: aos olhos do Sinédrio Ele é o blasfemador, que com sua pretensão e sua ação (sobretudo a "escandalosa" purificação do templo: Mc 11,15-18) mereceu a morte segundo a lei.

Todavia, Jesus não sofreu a pena reservada aos blasfemadores, o apedrejamento: ele foi executado pelos ocupantes romanos, sofrendo a pena infligida aos escravos desertores e aos instigadores contra o império, a ignominiosa morte de cruz. Sua condenação foi política,

5. O Deus entre nós

como atesta o *"titulus crucis"*, a inscrição com a motivação da condenação posta sobre a estaca da cruz: "Jesus Nazareno Rei dos Judeus" (Jo 19,19). Sua morte pode ser definida como um assassinato político-religioso: a Sexta-Feira Santa é, para o poder, o dia em que morre o subversivo e, para a lei, o dia em que morre o blasfemador. Para a fé cristã, quem morre na cruz é o Filho de Deus feito homem por amor a nós: é prova disto o fato de que a história de Jesus não termina no silêncio da morte. A cruz é iluminada pela aurora de Páscoa...

Experimentemos, então, contemplar o Deus crucificado, dirigindo-nos a Ele com as palavras desta belíssima oração medieval de origem francesa: "Jesus crucificado! Sempre te levo comigo, a tudo te prefiro. Quando caio, tu me reergues. Quando choro, tu me consolas. Quando sofro, tu me curas. Quando te chamo, tu me respondes. Tu és a luz que me ilumina, o sol que me aquece, o alimento que me nutre, a fonte que me dessedenta, a doçura que me inebria, o bálsamo que me restaura, a beleza que me encanta. Jesus Crucificado! Sê tu minha defesa em vida, meu conforto e confiança em minha agonia. E repousa sobre meu coração quando for minha última hora. Amém".

6

O Senhor Ressuscitado

uais são os eventos que depois da morte de cruz de Jesus levaram ao nascimento do cristianismo?

Um antiquíssimo testemunho nos ajuda a compreendê-los: "Deus constituiu Senhor e Cristo aquele Jesus que vós crucificastes" (At 2,36). É o Apóstolo Pedro que fala assim aos homens da Judeia e aos habitantes de Jerusalém. Paulo, por sua vez, faz-nos compreender como o encontro com Jesus ressuscitado mudou para sempre sua vida. "Esta vida, que eu vivo no corpo, vivo-a na fé do Filho de Deus, que me amou e entregou a si próprio por mim" (Gl 2,20). O Filho eterno, que se entregou à morte por nós, fazendo-se carregado do pecado e da dor do mundo, é ressuscitado à vida na força do Espírito de Deus e se oferece, agora, como fonte de vida nova a qualquer um que creia nele. Como aconteceu tudo isso? O que sucedeu entre o abandono de Jesus à morte e a vida nova efusa no coração dos que nele creem? O Novo Testamento nos informa que à entrega que o Filho fez de si correspondeu uma entrega da parte do Pai: "Ele que não poupou seu próprio Filho, mas o deu por todos nós, como não nos dará todas as coisas junto com Ele? (Rm 8,32). Precisamente nesta entrega que o Pai faz do próprio Filho por nós, revela-se a profundidade de seu amor pelos homens: a cruz revela que "Deus [o Pai] é amor" (Jo 4,8.16)! Deus sofre na cruz como Pai, que oferece o Filho por amor a nós, e como Filho, que por amor se oferece.

O Deus cristão dá sentido, assim, ao sofrimento do mundo, porque o assumiu a ponto de fazer dele o próprio sofrimento: e este sentido é o amor. O ato da entrega culmina na oferta sacrifical que Jesus faz do

Espírito: "Inclinando a cabeça, entregou o Espírito" (Jo 19,30). Segundo as profecias do Espírito no Antigo Testamento, Deus, que havia retirado seu Espírito de Israel por causa da infidelidade do povo no tempo do exílio, haveria de, novamente, efundi-lo nos tempos messiânicos. Entregando o Espírito ao Pai nos braços da cruz, o Filho aceita entrar no exílio dos pecadores, tornar-se "maldição" participando da condição dos "malditos" de Deus, para que estes, junto com Ele, possam entrar na alegria da reconciliação pascal. "Aquele que não havia conhecido pecado, Deus o tratou como pecado em nosso favor, para que pudéssemos nos tornar, por meio dele, justiça de Deus" (2Cor 5,21). Na cruz, a "pátria" entra no exílio para que, na Páscoa, o exílio entre na "pátria": a hora da morte em Deus remete àquela do triunfo da vida nova nele!

De tudo isso fizeram experiência os discípulos quando encontraram Jesus ressuscitado dos mortos: a eles, medrosos fugitivos da Sexta-Feira Santa, Ele se mostrou vivo (At 1,3). Esse encontro foi tão decisivo que suas existências foram totalmente transformadas: o medo deu lugar à coragem; o abandono, ao envio; os fugitivos tornaram-se testemunhas, para o serem, enfim, até a morte, em uma vida doada sem reservas

Viver com Amor

àquele que haviam traído na "hora das trevas". Entre o pôr do sol da Sexta-Feira Santa e a aurora da Páscoa aconteceu algo tão importante que deu origem ao movimento cristão na história. Enquanto o historiador profano nada pode além de constatar este "novo início", o anúncio cristão, registrado nos textos do Novo Testamento, confessa o encontro com o Ressuscitado como experiência de graça: e a esta experiência se tem acesso, especialmente, por meio dos relatos das aparições. Encontra-se sempre nessas narrações a iniciativa do Ressuscitado, o processo de reconhecimento da parte dos discípulos e a missão, que faz deles as testemunhas do que ouviram, viram com seus olhos, contemplaram e tocaram com suas mãos (1Jo 1,1).

A iniciativa é do Ressuscitado, que, mostrando-se vivo, "aparece" (1Cor 15,5-8 e Lc 24,34): a experiência do encontro com Ele teve um caráter de "objetividade", quer dizer, foi algo que ocorreu aos discípulos, que aconteceu a eles, não algo que se transformou neles. Não foi a comoção da fé e do amor que criou seu objeto, mas foi o Vivente que suscitou a fé e o amor. O chamamento à fé no Ressuscitado vem "a partir de fora". Isso não exclui o processo espiritual, que foi necessário aos primeiros crentes para "crer com seus

6. O Senhor Ressuscitado

olhos" e abrir-se interiormente ao que tinha acontecido com Jesus: este processo revela o aspecto subjetivo e interior da experiência vivida pelas primeiras testemunhas da fé cristã e garante sua liberdade e a gratuidade do consentimento do crente. Cumpre-se, assim, a experiência do encontro: em uma relação de conhecimento direta e arriscada, o vivente se oferece aos seus e os torna viventes de vida nova, testemunhas daquele encontro com Ele que marcou para sempre suas existências: "Ide por todo o mundo e pregai o Evangelho a toda criatura" (Mc 16,15). A experiência pascal se apresenta, então, como transformante: nela tem origem a missão, nela toma impulso o movimento de anúncio da boa notícia, que se dilatará até os extremos confins da terra. O encontro com o Ressuscitado muda, assim, profundamente a existência dos discípulos a ponto de torná-los suas testemunhas até a doação de suas próprias vidas: por quê?

A resposta está no fato de que a cruz e a ressurreição, momentos da história de Jesus, são reconhecidas pelos discípulos como atos nos quais interveio sobre Ele o "Deus de Abraão, de Isaac e de Jacó, o Deus de nossos pais" (At 3,13), que agiu "com poder segundo o Espírito de santificação" (Rm 1,4). Segundo a fé

Viver com Amor

das origens, a Páscoa torna-se história nossa, porque é história do amor divino, que age poderosamente na ressurreição de Jesus para oferecer a nós a participação na vida divina. Quanto mais os cristãos se deixarem reconciliar com o Deus de seu Senhor, tanto mais serão livres de si, livres para o Pai e para os outros e realizarão sua vocação em Cristo e na Igreja, incitando os homens à liberdade. Discípulos do homem livre que, por seu amor incondicional ao Pai e aos homens, morreu na vergonha da cruz, os cristãos se esforçarão para, com a oração e com a vida, fazer crescer, no mundo em que vivem, a experiência da liberdade dada por Deus em Cristo, sem procurar a eficácia imediata ou o consenso exterior, crendo na impossível possibilidade que o Deus vivo revelou na história do Crucificado ressuscitado. A libertação, que nele nos foi ofertada, é aquela que nos liberta de nós mesmos, para fazer-nos existir, no amor e na esperança, para o Pai e para os outros, para fazer de nossa vida inteira um louvor ao Pai e um serviço aos homens. Jesus, homem livre, ressuscitado dos mortos, não cessa de oferecer aos homens a verdadeira liberdade!

Dirijamo-nos a Ele, então, com palavras de invocação humilde e de desejo profundo: "Senhor Jesus,

6. O Senhor Ressuscitado

tu vens a nós em teu Espírito como o vivente, que subverte e inquieta nossos projetos e nossas defesas. Ajuda-nos, pedimos-te, a não te crucificar na cruz de nossas expectativas, mas a crucificar nossas expectativas em tua cruz. Faz que nos deixemos perturbar por ti, para que, renegando a nós mesmos, possamos tomar nossa cruz a cada dia e seguir-te.

Tu sabes que nós não sabemos dizer-te a palavra do amor total: mas nós sabemos que mesmo nosso pobre amor te basta para fazer de nós discípulos fiéis até o fim. É este humilde amor que te oferecemos: toma-o, Senhor, e diz, ainda e de modo novo, tua palavra para nós: 'Segue-me'. Então, nossa vida se abrirá ao futuro de tua cruz, para ir não aonde teríamos querido, sonhado ou esperado, mas aonde tu quiseres para cada um de nós, abandonados a ti, como o discípulo do amor e da espera, em uma confiança infinita. Então, não seremos mais nós a levar a cruz, mas será tua cruz a nos levar, enchendo nosso coração de paz e nossos dias de esperança e de amor. Amém!"

7

O Espírito Santo

Nos eventos da Páscoa e no nascimento do cristianismo, o Espírito Santo tem um papel decisivo. Jesus, nascido da estirpe de Davi segundo a carne, foi manifestado "Filho de Deus com poder, segundo o Espírito de santificação mediante a ressurreição dos mortos" (Rm 1,4). Quem é o Espírito Santo? Segundo o testemunho bíblico, é o Espírito que torna presente o Eterno no tempo e sustenta a fidelidade à aliança com Ele. Quando Israel se afasta dessa fidelidade, conhece a provação do exílio: então, o Espírito lhe será retirado e sua ausência lhe fará desejar seu retorno. O Eterno efundirá o Espírito novamente no tempo da reconciliação cumprida e da fidelidade recuperada: "Vós reconhecereis que eu estou no meio de Israel" está escrito no livro do profeta Joel "e que sou eu o Senhor vosso Deus, e não há nenhum outro... Depois disto, eu efundirei meu espírito sobre cada homem e tornar-se-ão profetas vossos filhos e vossas filhas" (2,27-3,1). A presença do Espírito significa, portanto, a comunhão com Deus, enquanto sua ausência indica o exílio da separação dele.

Quando Jesus na cruz "entrega o Espírito" (Jo 19,30), faz-se, então, solidário com os "sem Deus", isto é, com quantos, por causa do pecado, fecharam a porta do coração a Deus e estão agora em uma condição similar àquela do povo de Israel na terra do exílio, privado do Espírito e necessitado de recebê-lo novamente, para retornar à plena comunhão com o Eterno. Quando, na Páscoa, o Pai ressuscita o Filho mediante o Espírito de santificação, o Ressuscitado, por sua vez, doa o Espírito, dando, assim, a vida plena e verdadeira a quem se abre a recebê-la: "Recebei o Espírito Santo;

7. O Espírito Santo

a quem perdoardes os pecados, eles lhes serão perdoados e a quem não os perdoardes, eles lhes serão retidos" (Jo 20,22-23). Consentir a mais alta separação do Crucificado em relação ao Pai na hora do abandono na cruz e realizar a plena comunhão deles na reconciliação oferecida na Páscoa é, portanto, as duas atividades do Consolador, nas quais se inspiram as reflexões sobre o Espírito Santo que caracterizam a tradição cristã respectivamente no Oriente e no Ocidente.

A teologia Ocidental evidencia o papel de vínculo pessoal de unidade que o Espírito exerce entre o Pai e o Filho: partindo da preocupação de testemunhar a misteriosa unidade do Deus cristão diante do fascínio da ideologia filosófica do Uno, ela perscruta na revelação a profundidade divina da ação de reconciliação e de paz que o Espírito Santo realiza no evento da ressurreição do Crucificado e em sua efusão sobre cada carne, a fim de reconciliar os pecadores com Deus. O Espírito é visto como o amor doado pelo Amante e acolhido pelo Amado, outro distinto do Pai, porque recebido pelo Filho, outro distinto do Filho, porque doado pelo Pai, um com Eles, porque amor doado e recebido na unidade do processo do amor eterno: "O Espírito é, portanto, uma certa comunhão inefável do Pai e do Filho" (Santo Agostinho. De Trinitate). "Vínculo da caridade eterna", laço do eterno amor, o Espírito é aquele que une o Amante e o Amado e que em relação a Eles se distingue em sua especificidade pessoal: é a esta luz que emerge a ideia da processão do Espírito do Pai e do Filho, seu brotar do diálogo eterno do amor deles, que é reciprocidade no dom, gratuidade e gratidão oferecidas e recebidas.

A teologia do Oriente evidencia, ao contrário, o papel de abertura que o Espírito exerce na relação entre o Pai e o Filho: Ele é em pessoa o dom do amor, o êxtase do Amante e do Amado, o sair de si, deles, para doar-se ao outro na eternidade e no tempo. Partindo do testemunho bíblico, segundo o qual todos os êxodos de si de Deus na história dos homens foram cumpridos ou se cumprirão no Espírito, a contemplação teológica do Oriente vê o Espírito proceder do Pai, fonte de toda a divindade, através do Filho, segundo a ordem atestada pela economia da salvação. É o Pai a efundir o Espírito sobre o Filho que lho havia entregue na hora do abandono da cruz. Por sua vez, o Filho, tendo recebido o Espírito na plenitude de vida nova

7. O Espírito Santo

da Páscoa, o doa a toda carne. A esta luz o Espírito aparece como a superabundância do amor divino, o irradiar-se da comunhão divina: Espírito criador, dom do Altíssimo, fonte de vida. Poder-se-ia dizer que o Espírito realiza em Deus a condição do amor, sua liberdade da possessividade e do ciúme: "Amor não é ficar a olhar-se nos olhos, mas olhar juntos na direção da mesma meta" (Antoine de Saint-Exupéry).

O termo comum do amor do Pai e do Filho, o "terceiro" no encontro do recíproco dar-se e acolher-se de ambos, demonstra, assim, como o amor eterno não fecha o Amante e o Amado no círculo de sua troca mútua, mas os faz encontrarem-se em uma fecundidade que os transcende. O Espírito, comunicando-se à Igreja e aos corações dos crentes, abre-os ao dom de si e à esperança estendida em direção ao cumprimento das promessas de Deus: é Espírito da esperança que não desilude e do amor que antecipa a eternidade no tempo. Por isso a Igreja o invoca continuamente, como dom oferecido do alto a ser recebido com humildade e docilidade de coração: "Vem, Santo Espírito, manda a nós do céu um raio de tua luz. Vem, pai dos pobres, vem, doador dos dons, vem, luz dos corações. Consolador perfeito, hóspede doce da alma,

Viver com Amor

dulcíssimo alívio. Na fadiga, repouso; no calor, refúgio; no pranto, conforto. Ó luz beatíssima, invade no íntimo os corações de teus fiéis. Sem tua força, nada é o homem, nada sem culpa. Lava o que é sórdido, banha o que é árido, cura o que sangra. Dobra o que é rígido, aquece o que é frio, endireita o que é desviado. Doa a teus fiéis, que só em ti confiam, teus santos dons. Doa virtude e prêmio, doa morte santa, doa alegria eterna" (Sequência de Pentecostes).

8

A Trindade Divina

Tu me pedes para ajudar-te a conhecer o Deus da fé dos cristãos, a Trindade, único Deus nas três Pessoas divinas do Pai, do Filho e do Espírito Santo. Faço-o com boa vontade, porque é o Deus de minha vida, a quem dei meu coração.

Falar-te-ei deste Deus relatando seu amor: é um texto do Novo Testamento, a primeira carta de João, a dizer-nos explicitamente que "Deus é amor", acrescentando que "quem não ama não conheceu a Deus" (1Jo 4,8). A história de seu amor por nós no-la é narrada pela Bíblia. O relato começa pelo plano eterno de amor do Pai e tem um único objetivo: tornar-nos partícipes do amor divino. Para isto Deus nos criou, chamando cada um de nós a existir: e, por isto, cada um de nós é um dom de Deus! Quando o homem usou a liberdade obtida como dom para revoltar-se contra este Deus de amor, este Pai-Mãe de misericórdia sofreu, mas respeitou a escolha de sua criatura. Assim nos relata uma das mais belas parábolas de Jesus: "Um homem tinha dois filhos. O mais jovem disse ao pai: 'Pai, dá-me a parte da herança que me cabe'. E o pai dividiu os bens entre eles. Depois de alguns dias, o filho mais jovem, recolhendo suas coisas, partiu para uma região longínqua e lá dissipou seus bens em uma vida devassa" (Lc 15,11-13).

A história, porém, não termina aqui: Deus ama muito os homens para abandoná-los a si mesmos. Diante da rejeição da criatura livre, manifesta a profundidade e a audácia de seu amor enviando seu Filho, que se faz homem como nós e se entrega à morte por amor a nós: "Nisto se manifestou o amor de Deus por nós: Deus enviou seu Filho unigênito ao mundo para

8. A Trindade Divina

que nós tivéssemos a vida por Ele. Nisto consiste o amor: não fomos nós que amamos a Deus, mas foi Ele que nos amou e enviou seu Filho como vítima de expiação pelos nossos pecados. Caríssimos, se Deus nos amou, também nós devemos amar-nos uns aos outros... Deus é amor; quem está no amor permanece em Deus e Deus permanece nele" (1Jo 4,9-11.16). Dar a vida por um outro significa amá-lo com um amor maior: "Ninguém tem um amor maior do que este: dar a vida pelos próprios amigos" (Jo 15,13). Assim Deus nos ama. A cruz é a declaração de amor de Deus por nós, a revelação do coração divino. A razão pela qual Deus nos ama tanto é, em si mesmo, amor.

Eis o centro e o coração da mensagem cristã, a fonte, o seio e a meta de tudo o que existe: Deus é Amor! É o que de mais importante nos foi dado para pensar! Tento fazê-lo contigo, no modo mais simples possível, consciente de apenas balbuciar o mistério santo no qual viemos, no qual nos movemos e existimos e na direção do qual vamos no caminho do tempo. Se Deus é amor, é fácil compreender como não pode ser solidão em si mesmo: para que haja uma relação de amor é necessário haver pelo menos dois.

Amar somente a si mesmo não é amor, é egoísmo. Deus amor é, então, pelo menos um que ama desde sempre e um que desde sempre é amado e retribui o amor: um eterno Amante e um eterno Amado. Aquele que ama desde sempre é a fonte do amor: Ele nunca se cansa de começar a amar e ama somente pela alegria de amar. É Deus Pai no amor, infinitamente livre e generoso no amar, por nada motivado ao amor a não ser por amor: "Deus não nos ama, porque somos bons e belos, mas nos torna bons e belos, porque nos ama" (São Bernardo).

O outro, o eterno amado, é aquele que acolhe desde sempre o amor: é a eterna gratidão, o agradecimento sem princípio e sem-fim, o Filho. Quando o Filho se faz homem, une-se a cada um de nós: por isso o Pai, amando a Ele, ama também cada um de nós unidos a Ele, amados no Amado, feitos capazes de receber o amor, que é a vida eterna de Deus. O amor perfeito, porém, não se fecha no círculo dos dois: o Pai e o Filho vivem um amor tão rico e fecundo, que se dirigem juntos a uma Terceira Pessoa divina, o Espírito Santo. O Espírito é aquele no qual o amor é sempre aberto a doar-se, a "sair de si": por isso o Espírito é chamado de dom de Deus, fonte viva do amor, fogo que acende em nós a capacidade de retribuir amor com amor. E, por isso, sopra sobre a criação na primeira manhã do mundo e sobre a nova criação, da qual a Igreja é sinal e promessa, no dia de Pentecostes. Enquanto, pois, é o Amor recebido pelo Filho e doado pelo Pai, o Espírito é também o vínculo do amor eterno, a unidade e a paz do Amante e do Amado. No Espírito todos somos abraçados pelo amor que une, liberta e salva.

Portanto, Deus, enquanto Amor, é Trindade, eterno evento do amor, que une os Três que são Um: o Pai, eterna procedência do Amor, o Filho, eterno advento do Amor, e o Espírito, porvir do Amor eterno, aquele no qual o amor divino, desde sempre igual a si mesmo, é eternamente jovem e ao mesmo tempo imutável em sua fidelidade. Essa história de amor infinito nos foi relatada no sinal supremo do abandono de Jesus na cruz: a cruz é a história do eterno Amante, o Pai, que entrega seu Filho amado por nós; do eterno Amado, o Filho, que se entrega à morte por amor a nós; e do Espírito Santo, o amor eterno que os une entre Eles e os abre ao dom que Eles fazem a nós, tornando-nos partícipes da vida divina. Esses Três são um: não três amores, mas um único, eterno e infinito amor, o único Deus, que é Amor.

Viver com Amor

Pode-se dizer, então, que "vês a Trindade, se vês o amor" (Santo Agostinho): e vês o amor se olhas a cruz onde o Pai oferece por nós o Filho, enquanto o Espírito – representado em forma de pomba – está entre um e outro, quase a uni-los e a abrir o amor deles a nós. A cruz é o relato da Trindade de Deus, a revelação do infinito amor: por isso muitas vezes na tradição ocidental a Trindade divina foi representada pela cena do Pai, que sustenta entre os braços o lenho da cruz, da qual pende o Filho abandonado, enquanto a pomba do Espírito Santo ao mesmo tempo une e separa o Amante e o Amado, o Abandonado e Aquele que o abandona (assim, por exemplo, a *Trindade* representada por Masaccio na Igreja Santa Maria Novella, em Florença). O Oriente cristão quis transmitir-nos a mesma mensagem com a cena dos três Anjos que apareceram a Abraão nos Carvalhos de Mambré e que eram um, escolhidos como figura das Três Pessoas Divinas, que acolhem os homens no círculo de seu amor ao banquete da vida (como faz Andrej Rublëv no célebre ícone da *Trindade* conservado em Moscou).

Experimenta, então, deter-te diante de um Crucifixo ou de um ícone no qual os três Anjos te chamam a entrar no diálogo divino do amor: dispõe-te a

8. A Trindade Divina

escutar a declaração de amor de Deus. Procura unir-
-te ao Filho amado, abandonado e ressuscitado à vida
por ti, e sentir o amor do Pai, que te envolve, e a presença do Espírito, que te une a Jesus e nele ao Pai.
É uma experiência belíssima esta de sentir-se amado
por Deus: então, envolvido pelo amor dos Três, compreenderás que Deus Amor não é uma palavra vazia,
uma história longínqua, mas o relato do eterno Amor,
que veio a narrar-se no tempo para que cada um de
nós, escutando-a e crendo no amor dos Três, deixe-
-se alcançar e transformar por esta eterna história de
amor. A belíssima Elevação à Santíssima Trindade,
brotada do coração da beata Elizabeth da Trindade,
em 21 de novembro de 1904, exprime tudo isto: "Meu
Deus, Trindade, que adoro, ajuda-me a esquecer-me
inteiramente de mim para estabelecer-me em ti, em
um imóvel sossego como se minha alma estivesse já
na eternidade; que nada possa perturbar minha paz
ou fazer-me sair de ti, meu imutável bem, e a cada
instante me leve mais para dentro das profundezas de
teu mistério. Pacifica minha alma, faz dela teu céu,
tua morada preferida e o lugar do teu repouso: que eu
nunca te deixe sozinho, mas esteja totalmente em ti,
em tudo vigilante na fé, em total adoração, no com-

pleto abandono a tua ação criadora... Oh meus Três, meu Tudo, minha Beatitude, Solidão infinita, Imensidade na qual me perco, entrego-me a ti como uma presa. Sepulta-te em mim para que eu me sepulte em ti, na espera de vir a contemplar em tua luz o abismo de tuas grandezas. Amém".

9

Deus fala!

Como conhecer sempre mais o Deus, que é amor? A resposta que, antes de tudo, tenho vontade de te dar é o convite para colocar-te na escuta dele. Deus nos falou em sua revelação, em primeiro lugar, ao povo eleito, Israel, e depois, em Jesus Cristo, a Palavra eterna foi feita carne. Por meio de eventos e palavras, Ele comunicou-se aos homens. A Bíblia nos narra a história de seu amor por nós, segundo um caminho no qual Deus educou seu povo a

Viver com Amor

viver na aliança com Ele. O cumprimento da revelação é Jesus, o Filho eterno feito homem, a Palavra única, perfeita e definitiva do Pai. Quem quer viver na amizade com Deus deve, por isso, escutar com fé as divinas Escrituras, lendo-as à luz de Cristo. Nelas se revela o rosto do Amado. Por meio delas o Espírito nos conduz à verdade completa. Antes de ler as Escrituras, então, invoca sempre a luz dos corações, o Espírito Santo, e dirige um ato de amor à Palavra feita carne, Jesus!

Para tornar-nos capazes de acolher fielmente a Palavra, o Senhor quis deixar-nos o dom da Igreja, fundada sobre os apóstolos. Foram eles que acolheram a Palavra de salvação e a transmitiram a seus sucessores como uma joia preciosa, guardada no cofre do povo de Deus, peregrino no tempo. A Igreja é a casa da Palavra, a comunidade da interpretação, garantida pela condução dos pastores a quem Deus quis confiar seu rebanho. Por isso a leitura fiel da Escritura não é obra de navegadores solitários, mas é vivida na barca de Pedro: acompanhado da Mãe Igreja, nenhum batizado deverá sentir-se estranho à Palavra de Deus. Escutá-la, anunciá-la, deixar-se iluminar por ela para iluminar os outros é tarefa que concerne a nós todos, cada um segundo o dom recebido e a responsabilidade que lhe é confiada.

9. Deus fala!

À Palavra do Senhor se corresponde aquela escuta acolhedora, que é a obediência da fé: o Deus, que se comunica ateu coração, chama-te a oferecer-lhe não algo de ti, mas a ti mesmo. Na Palavra é Ele mesmo a te alcançar e te transformar. Confia-te, então, à Palavra. Acredita nela. Ela é fiel eternamente, como o Deus que a diz e a habita. Por isso, se acolheres com fé a Palavra, nunca estarás sozinho: na vida, como na morte, entrarás por meio dela no coração de Deus. Escutar, ler, meditar a Palavra, saboreá-la, amá-la, celebrá-la, vivê-la e anunciá-la com palavras e obras: esse é o itinerário que se abre diante de ti, se compreendes que na Palavra de Deus está a fonte da vida. Deus em pessoa te visita nela: por isso, se a frequentas fielmente e com amor humilde, a Palavra te envolve, arrebata-te o coração e se oferece a tua fé como ajuda e defesa no crescimento espiritual. Às vezes, poderá parecer-te que a Palavra não te diz nada: não te desencorajes! Retorna a ela e espera com fé a luz, quando e como Deus lha quiser dar.

Pouco a pouco, na fidelidade dos dias, as palavras do Deus Amor nos tornarão capazes de amar. É o amor o fruto que nasce da escuta da Palavra: "Sede daqueles que põem em prática a Palavra e não somente ouvintes, iludindo a vós mesmos" (Tg 1,22). Quem se deixa iluminar pela Palavra sabe que o sentido da vida consiste não em voltar-se para si mesmo, mas naquele êxodo de si sem retorno, que é o amor. A escuta da Sagrada Escritura te faz sentir amado e te torna capaz de amar: se te entregas sem reservas ao Deus que te fala, será Ele a doar-te aos outros, enriquecendo-te de todas as capacidades necessárias para colocar-te a serviço deles. Se escutas a Palavra e a guardas, sentirás que tua vida habita no próprio coração de Deus, de onde nasce continuamente a confiança para o presente e a esperança para o amanhã. Dando-te razões de vida e esperança, a Palavra te abrirá ao amanhã de Deus e te ajudará a puxá-lo para o presente com a força dos humildes atos de fé e dos simples gestos de caridade.

Colocando-te à escuta da Palavra de Deus, recorda sempre que nela está o Deus vivente a falar-te, aquele Deus, que é amor, e ao qual se corresponde verdadeiramente somente com amor. Sintoniza-te, então, o máximo possível, com o coração de quem te está falando: "Podia compreender o sentido das palavras de Jesus somente aquele que repousou sobre o peito de Jesus" (Orígenes). Apoia, também tu, a cabeça sobre o peito do Senhor, como o discípulo amado na Última

9. Deus fala!

Ceia, e escuta suas palavras, deixando que seu coração fale ao teu! E invoca a luz da vida com palavras como estas: "Pedimos-te, Senhor, para fazer-nos conhecer aquele que amamos, já que nada procuramos fora de ti. Tu és tudo para nós: nossa vida, nossa luz, nossa salvação, nosso alimento, nossa bebida, nosso Deus. Peço-te, ó nosso Jesus, para inspirar nossos corações com o sopro de teu Espírito e para trespassar com teu amor nossas almas, a fim de que cada um de nós possa dizer com toda verdade: 'Faz-me conhecer aquele que minha alma ama; estou, de fato, ferido pelo teu amor. Desejo que aquelas feridas sejam impressas em mim, ó Senhor'. Bem-aventurada a alma trespassada pela caridade! Ela procurará a fonte e dela beberá. Bebendo dela, dela terá sempre sede. Dessedentando-se, desejará com ardor aquele de quem tem sempre sede, embora bebendo dele continuamente. Deste modo, para a alma, o amor é sede que procura com desejo, é ferida que cura" (São Colombardo).

10

A fé

Aumenta nossa fé!" A este pedido dos apóstolos Jesus responde: "Se tivésseis fé como um grãozinho de mostarda, poderíeis dizer a esta amoreira: 'Desenraiza-te e transplanta-te no mar', e ela vos escutaria" (Lc 17,5-6). "Em verdade vos digo: se tiverdes fé semelhante a um grãozinho de mostarda, podereis dizer a este monte: muda-te daqui para lá, e ele se mudará, e nada vos será impossível" (Mt 17,20).

Viver com Amor

Nenhuma amoreira nos escutou. Nenhuma montanha se mudou. Onde está a fé sobre a terra? Está porventura na dor dilacerante dos indefesos que morrem invocando Deus, derrotados na dura luta contra o mal que devastou seus membros? Ou está no grito inarticulado de quem fica esmagado pela injustiça e pela crueldade de seus semelhantes? Por que o silêncio de Deus diante da dor do mundo? Fraqueza da fé ou indiferença divina? Dureza do coração humano ou dureza do coração de Deus? Por que esta intolerável ausência de "sinais"? Por que esta dolorosa parcimônia de milagres? As perguntas poderiam continuar fazendo eco da fadiga de crer que pesa sobre tantos corações, desafiados e esgotados pelas tantas réplicas da história do mundo para a audácia da fé. São essas perguntas, porém, que nos consentem dizer o que é a fé, e o que ela não é.

Crer não é assentir a uma demonstração clara e evidente ou a um projeto privado de incógnitas e de conflitos: não se crê em algo que se possa possuir e gerir a bel-prazer ou própria segurança. Crer é confiar-se a alguém, assentir ao chamado do estrangeiro que convida, remeter a própria vida às mãos de um outro, para que seja Ele o único, verdadeiro Senhor

10. A Fé

dela. Segundo uma sugestiva etimologia medieval, "crer" derivaria de *"cor dare"*, dar o coração, remetê-lo incondicionalmente às mãos de um outro: crê quem se deixa fazer prisioneiro pelo Deus invisível, quem aceita ser possuído por Ele na escuta obediente e na docilidade do mais profundo do coração. Fé é rendição, entrega, abandono, não posse, garantia, segurança. Por isso crer não é evitar o escândalo, fugir do risco, avançar na serena luminosidade do dia: não se crê não obstante o escândalo e o risco, mas exatamente porque desafiados por eles e neles; quem crê caminha na noite, peregrino rumo à luz. Seu conhecimento é na penumbra da noite, uma *cognitio vespertina*, segundo a bela terminologia dos medievais, não ainda um conhecimento à clara luz do dia, inundado pelo esplendor da visão.

"Crer significa estar à beira do abismo escuro e ouvir uma voz que grita: 'Lança-te, tomar-te-ei entre meus braços'" (Kierkegaard). É justamente à beira daquele abismo que se apresentam as perguntas inquietantes: se, em vez de braços acolhedores, houvesse apenas rochas lacerantes? E se, além da escuridão, houvesse, ainda, nada mais que a escuridão do nada? Crer é resistir e suportar o peso dessas perguntas: não

Viver com Amor

pretender sinais, mas oferecer sinais de amor ao invisível Amante que chama. Crer é abraçar a cruz do seguimento, não aquela cômoda e gratificante que queríamos, mas aquela humilde e obscura que nos é doada, para completar em nós "o que falta aos sofrimentos de Cristo, em favor de seu Corpo, a Igreja" (Col 1,24). Crê quem confessa o amor de Deus, não obstante a inevidência do amor; crê quem espera contra toda esperança; crê quem aceita crucificar as próprias expectativas na cruz de Cristo, e não o Cristo na cruz das próprias expectativas. Da fé nos aproximamos com temor e tremor, tirando os calçados, dispostos a reconhecer um Deus que não fala no vento, no fogo ou no terremoto, mas na humilde brisa suave, como foi para Elias sobre a santa montanha, e foi, é e será para todos os santos e profetas (1Rs 19,11-13).

E, então, crer é perder tudo? É não ter mais segurança, nem descendência, nem pátria? É renunciar a todo sinal e a todo sonho de milagre? O Deus dos crentes é ciumento a tal ponto? Assim devorador é seu fogo? Assim escura, sua noite? Assim absoluto, seu silêncio? Responder sim a essas perguntas seria cair na sedução oposta àquela de quem procura sinais a qualquer custo; seria esquecer a ternura e a misericórdia de

10. A Fé

Deus. Há sempre um Tabor para clarear o caminho: um grande sinal nos foi dado, o Cristo Ressuscitado, que vive nos sinais da graça e do amor confiados a sua Igreja. Neles é ofertado um viático aos peregrinos para sustentar o caminho, um conforto aos indecisos, uma estrada aos perdidos: e, se estes dons nunca são confundidos com posses ciumentas, é, também, verdade que eles estão lá para nutrir-nos; não para nos eximir da luta, mas para, nela, dar-nos força; não para adormecer as consciências, mas para despertá-las e estimulá-las a obras e dias de amor, nos quais o Amor invisível se faça presença e sinal para quem não quer ou não sabe crer na força do amor. Testemunhar a fé não é dar respostas já prontas, mas é contagiar a paz; aceitar o convite não é solucionar todas as obscuras questões, mas levá-las a um outro e junto com Ele.

Peçamos juntos o dom da fé àquele que dela é a fonte e a meta: "Senhor, eu creio: aumenta minha fé! Tu conheces meu coração, vês o medo, que há em mim, de confiar-me perdidamente a ti. Tu sabes como o desejo de gerir sozinho minha vida é em mim tão forte a ponto de fazer-me muitas vezes fugir de ti. Todavia, eu creio: diante de ti estão meu desejo e minha fraqueza. Orienta aquele, sustenta esta, ajudando-me

Viver com Amor

a fazer naufragar em ti cada sonho meu, expectativa e projeto para fiar-me em ti e não em mim e nas presunçosas evidências deste mundo que passa. Faz que eu saiba lutar contigo: mas não permitas que eu vença! Senhor de meu medo e de minha expectativa, de meu desejo e de minha esperança, aumenta, peço-te, minha fé!"

11

A caridade

Quem quer seguir Jesus e não escolhe amar e servir os pobres demonstra não ter compreendido quem é verdadeiramente Jesus e o que nos pede. É Ele mesmo que nos explica por que a caridade para com os outros é o outro nome do amor dado a Ele: "Cada vez que fizestes estas coisas a um só destes meus irmãos mais pequenos, foi a mim que as fizestes". E para a objeção

Viver com Amor

"Senhor, quando, porventura, vimos-te com fome ou sede, ou forasteiro, ou nu, ou doente, ou no cárcere, e não te servimos?", rebate: "Em verdade vos digo: todas as vezes que não fizestes estas coisas a um destes meus irmãos mais pequenos, foi a mim que não as fizestes" (Mt 25,40-45). Perguntas-me como é possível "escolher" a pobreza e os pobres. Para responder-te, parece-me importante distinguir três diferentes rostos da pobreza: seu rosto negativo, que se exprime na miséria, que aflige uma larguíssima parte da humanidade, raramente colocada sob os refletores da "mídia"; a pobreza como valor e como escolha de vida; e, enfim, a solidariedade que a atenção aos pobres exige, com as diversas formas nas quais é chamada a traduzir-se para ser verdadeira e eficaz.

A pobreza como miséria ofende a dignidade do ser humano: como tal deve ser combatida e vencida. Para que isso aconteça, é necessário conhecer as condições de privação e de necessidade em que vivem tantos seres humanos. São seus rostos, suas histórias que nos devem desafiar: a pobreza em abstrato não existe! "A pobreza é a carne de Jesus pobre, naquela criança que tem fome, naquele que está doente, naquelas estruturas sociais que são injustas. Ide, vede lá

11. A caridade

a carne de Jesus..." (papa Francisco). Enquanto a sociedade do bem-estar parece declinar sob as culpas da crise e das mentiras que a geraram – a começar pela ilusão de que a economia virtual da finança e a economia real da produção fossem a mesma coisa –, continua a existir e alargar-se o vasto mundo de quem não tem nada ou tem pouquíssimo para sobreviver. Fazer da miséria dos últimos e de nossa atitude para com eles um teste decisivo, no qual se verifica a verdade dos valores e das metas às quais tendemos, parece-me um estímulo necessário à mudança dos estilos de vida e das escolhas do coração.

E é exatamente isso que pode ajudar-nos a descobrir a pobreza como valor. Se, para viver verdadeiramente, é preciso apostar em altos ideais, é necessário perguntar-nos com que propósito nós vivemos: onde está teu tesouro, ali está teu coração. Se colocas em Cristo tua fé e orientas a Ele tuas escolhas de vida, então não poderás perseguir o dinheiro como valor com o qual finalizar cada coisa. Então compreenderás que há um tesouro bem maior que uma conta bancária, o qual é o dom de si vivido para os outros e a partilha do que tens com quem nada tem. Daí resulta um estilo, feito de esperança e de caridade vivida, de sobriedade de costumes e de alegria de dar. A falsa imagem da pessoa bem-sucedida, identificada com quem se conforma aos modelos standard do sucesso na sociedade de consumo, deve ceder o lugar à verdade de quem se arrisca pelos outros e não hesita em sacrificar-se pagando pessoalmente. A máscara satisfeita e persuasiva do homem ou da mulher de sucesso deve empalidecer diante da coragem humilde de quem aprende a conhecer os pobres e os ama doando-se e sentindo como ofensa a eles qualquer ostentação de riqueza ou de poder. Não se trata, em suma, de parecer pobre, mas de sê-lo nas escolhas profundas do coração para dar o primado ao verdadeiro tesouro: a caridade recebida de Deus e vivida para os outros.

Delineia-se, assim, o rosto ativo da pobreza escolhida por amor: a solidariedade para com quem é fraco e o empenho no serviço da justiça para todos. Também aqui não se trata de perseguir sonhos ideológicos, que deixam as coisas como estão ou, pior, sobrecarregam-nas da violência típica de quem quer mudar o mundo para conformá-lo com sua própria cabeça. Querer fazer algo de verdadeiro para os outros e fazê-lo: eis o desafio concreto da solidariedade. De grandes palavras e de metas ambiciosas a história da

11. A caridade

violência humana está plena. É necessário convencer-se de que o tempo dos fatos é aqui e agora: é necessário deixar-se guiar pela paixão pelo bem comum e pela vontade de promover a pessoa humana em toda a sua dignidade e em cada situação na qual esteja esmagada. O Reino de Deus deve ser proclamado e acolhido com a simplicidade e a concretude de quem se gasta pelos outros. O serviço aos pobres nasce da certeza de que aquilo que recebemos gratuitamente, gratuitamente devemos dá-lo. Quem testemunha o Evangelho deve dizer: "Não tenho riquezas. Minha riqueza é somente o dom que recebi: Deus". É essa pobreza que nos salva das presunções de mudar o mundo somente com os meios humanos.

Também as obras da Igreja devem ser vividas com coração pobre, porque uma Igreja que se torna rica ou que perde a gratuidade como fonte de todas as suas ações é uma Igreja que envelhece e, no fim, morre.

Amar Jesus e segui-lo exige, então, verificar-se continuamente sob o critério do juízo último, que Ele mesmo nos quis deixar: "Quando o Filho do homem vier em sua glória com todos os seus anjos, assentar-se-á no trono de sua glória. E serão reunidas diante dele todas as gentes, e Ele separará uns dos outros, como o

Viver com Amor

pastor separa as ovelhas dos cabritos, e porá as ovelhas a sua direita e os cabritos à esquerda. Então, o rei dirá àqueles que estiverem a sua direita: 'Vinde, benditos de meu Pai, recebei por herança o Reino preparado para vós desde a fundação do mundo, porque tive fome e me destes de comer, tive sede e me destes de beber; era forasteiro e me hospedastes, nu e me vestistes, doente e me visitastes, estava no cárcere e viestes encontrar--me'" (Mt 25,31-36). Não se ama Jesus se não se ama na verdade os pobres nos quais Ele está presente. No entardecer da vida seremos julgados de acordo com esse amor, que não suporta cálculo ou medida.

É o amor que queremos confessar como faz Santa Tereza de Ávila com estas belíssimas palavras: "Se te amo, Jesus, não é pelo Céu que me prometeste. Se temo ofender-te, não é pelo inferno que me ameaça. O que me atrai a ti, és tu, só tu: é ver-te pregado na cruz, com o corpo transpassado, em agonia de morte. E teu amor apoderou-se de tal forma do meu coração que, mesmo se o Paraíso não existisse, te amaria do mesmo modo; se não existisse o inferno, temer-te--ia igualmente. Tu nada me deves prometer, nada me deves dar para provocar meu amor: mesmo que não esperasse aquilo que espero, amar-te-ia como te amo".

12

A Igreja

Pediste-me falar sobre a Igreja. Faço isso com alegria, porque amo a Igreja! Amo-a como um filho ama sua mãe, que lhe deu a vida. Vejo-a bela e digna de amor mesmo quando alguma ruga está em seu rosto, ou quando não entendo muito bem suas escolhas e seus períodos. Por isso te falarei dela como me inspira o amor. Se penso no dom que a Igreja me ofereceu, gerando-me para a vida divina com o batismo, ou na ajuda que me tem dado, fazendo crescer na fé a escuta da Palavra de Deus, se reflito como me alimentou e me alimenta com o pão da vida, que é o corpo mesmo de Jesus, ou me recordo todas as vezes que perdoou meus pecados com o sacramento da reconciliação, se medito sobre a graça de minha vocação e missão entre os seres humanos, reconhecida e sustentada por ela, como acontece na vocação de todos os consagrados e casais cristãos, sinto a gratidão tomar conta de meu coração, e o impulso para amá-la e torná-la mais credível e bela me parece superior a cada razão contrária.

É minha convicção profunda, amadurecida na experiência dos anos e alimentada com a chama da fé e do amor, de que a Igreja não nasce de uma convergência de interesses humanos ou do ímpeto de um coração generoso, mas é dom do alto, fruto da iniciativa divina: dizer que a Igreja é povo de Deus não é para mim uma definição abstrata, mas a confissão humilde de ela me fez encontrar o Senhor, origem e meta da vida e da história, e que é Deus a operar nela! Pensada desde sempre no desígnio do Pai, a Igreja foi preparada por meio da aliança com o povo eleito de Israel, a fim de que se completassem os tempos, de

12. A Igreja

que fosse doada a todos os homens como casa e escola da comunhão com Deus, graças a missão do Filho vindo na carne e a efusão do Espírito Santo. Por isso creio na Igreja, creio que ela é obra de Deus e não do homem, inacessível em seu coração sob um olhar puramente humano. Creio que a Igreja é "mistério", tenda de Deus entre os homens, fragmento de carne e de tempo em que o Espírito do Eterno veio morar. E por isso somente que a Igreja não se inventa nem se produz, mas se recebe: é dom que é acolhido incessantemente com a invocação e em ação de graças, em um estilo de vida contemplativo e eucarístico. Aos olhos de minha fé, gerada no coração da Igreja Mãe pela ação da Trindade divina, a Igreja se oferece como "ícone da Trindade", imagem viva da comunhão de Deus, que é Amor, povo gerado da unidade do Pai, do Filho e do Espírito Santo.

Dessa forma que a variedade dos dons e dos serviços suscitados em cada um de nós batizados pela ação do Espírito Santo, e tanto mais acolhidos e vividos quanto mais vivemos da fé, do amor e da oração, não somente nos compromete, mas exprime a profunda unidade que vem de Deus para todos os batizados. E reconheço como sinais e servidores desta unidade os

Viver com Amor

pastores, o papa, bispo da Igreja de Roma, que preside no amor a comunhão de toda a Igreja, os bispos em comunhão com ele, os sacerdotes, que em cada comunidade são enviados pelos bispos. No amor ao papa e ao bispo, sinal de Cristo Pastor, dóceis a sua condução, quantos receberam os diversos dons de Deus entram em diálogo entre eles e crescem na comunhão.

É a comunhão de um povo de crentes adultos e responsáveis na fé e no amor, capazes de pronunciar com a vida três grandes "não" e três grandes "sim". O primeiro "não" é aquele ao descompromisso, o qual ninguém tem direito, porque os dons recebidos por cada um são vividos no serviço aos outros: a este "não" deve corresponder o "sim" da corresponsabilidade, pela qual cada um se mostra imbuído de si mesmo no bem comum a ser realizado segundo o desígnio de Deus. O segundo "não" é a divisão, a qual ninguém está autorizado, porque os carismas vêm de um único Senhor e são orientados para construção de um único Corpo, que é a Igreja: o "sim" que o segue é o diálogo fraterno, respeitoso com a diversidade e voltado à constante procura da vontade do Senhor para cada um e para todos. O terceiro "não" é aquele ligado ao êxtase e à nostalgia do passado, a qual ninguém deve consentir, porque o Espírito é sempre vivo

12. A Igreja

e operante na vida e na história: a este "não" deve corresponder o "sim" da contínua reforma, pela qual cada um pode realizar sempre mais fielmente o chamado de Deus, e a Igreja toda a possa celebrar a glória. Por meio desse tríplice "não" e desse tríplice "sim" a Igreja se apresenta como ícone da Trindade, comunhão de homens e mulheres, adultos e responsáveis, em sua diversidade, unidos entre eles no amor.

Quanto se necessita desta comunhão! Diante do arquipélago da solidão, que muitas vezes se encontra a sociedade na qual vivemos, a comunhão da Igreja representa realmente um sinal de esperança: é assim que desejo mostrar a todos a Igreja, suscitando e cultivando com todos relações de respeito e recíproco amor, que sejam uma imagem eloquente da comunhão trinitária e acendam em quem está distante o desejo do Deus dos cristãos e da experiência com eles, oferecida na Igreja do amor. Nisso consiste a missão confiada à Igreja: ser luz das gentes, atrair os homens a Deus com vínculo de amor, mostrando credivelmente a todos a beleza do encontro com Jesus, capaz de mudar o coração e a vida. Sonho a Igreja que amo cada vez mais missionária, não no espírito de conquista, mas na paixão do amor, em

Viver com Amor

um ardor de serviço e de dom, que possa dizer a todos quanto é belo ser discípulo de Jesus e quanto seu amor preenche o coração e a vida! Certamente, a Igreja não é o fim, esta permanece sempre um povo em caminho, peregrino rumo à pátria do céu. Por isso a sonho empenhada em sua contínua purificação e em sua renovação, insatisfeita de qualquer que seja conquista humana, solidária com o pobre e com o oprimido, atenta, subversiva e crítica em relação a todas as realizações míopes deste mundo.

Igreja do amor que o Redentor do mundo, depois de sua ressurreição, deu para Pedro apascentar, confiando a ele e aos outros apóstolos sua difusão e condução; a Igreja não é, por menos, aberta ao reconhecimento de todo o patrimônio da graça e da santidade que o Espírito torna presente nas tradições cristãs, que não estão em plena comunhão com ela. Com estas dialoga oferecendo-lhes os dons dos quais é portadora e recebendo destas o testemunho do bem, que o Senhor opera neles, em vista do comum anúncio do Evangelho a todos os homens. Fiel à própria origem divina e à própria missão, a Igreja adverte a exigência do diálogo com Israel, com o qual sabe que tem uma relação privilegiada e exclusiva, porque a fé do povo

12. A Igreja

eleito é a "primícia", a "santa raiz", sobre a qual a oliva do cristianismo está enxertada (Rm 11,16-24).

Sem renunciar a novidade da mensagem evangélica, o povo de Deus, que é a Igreja, pode crescer na consciência do mistério de Deus e na esperança da vida unida ao povo de Israel, que permanece envolvido da graça da eleição divina. Sonho com uma Igreja viva no diálogo com todos, visando à realização do projeto divino da unidade e da paz para todos. Esta Igreja é a Igreja do amor pela qual Jesus rezou: "Como tu, Pai, estás em mim e eu em ti, que eles estejam em nós" (Jo 17,21). É a Igreja de quem me reconheço filho, que amo e proponho como dom do amor para se aprender a amar no coração de Deus.

É a Igreja que vejo realizada em Nossa Senhora, Maria, virgem Mãe do Filho, que acolhe o dom de Deus e o doa, pronta sempre a interceder por nós e nos acompanhar em nosso caminho, é a Igreja que pedimos poder sempre tornar-se sempre mais fiel: "Deus, Trindade Santa, tu nos chamaste para ser tua Igreja, povo peregrino no tempo, feito para celebrar o louvor de tua glória. De ti viemos, em ti vivemos, de ti nos vem a comunhão no diálogo e no serviço da caridade, que nos pede construir sempre mais na força de teu amor. A ti tendemos como meta e pátria prometida, nutridos da Palavra de vida e dos sacramentos, fonte de reconciliação e de paz no caminho do tempo. Dá-nos amar esta Igreja como Mãe e desejar com toda a paixão do coração a Esposa bela de Cristo, sem mancha e sem ruga, una, santa católica e apostólica, participante e transparente na história da vida do eterno Amor. Amém".

13

O Pão da esperança

Andar nos caminhos de Deus, como Jesus ensinou, não é fácil. Quem nos dá a força para perseverar? Quem nos ajudará a seguir o caminho sem nos cansar? Quem nutrirá em nós a esperança mais forte que cada derrota ou desilusão? Jesus, que bem conhecia o coração humano, respondeu a essas nossas perguntas bem antes que as colocássemos, oferecendo-nos o dom de

Viver com Amor

um alimento capaz de sustentar o caminho: "Tomai e comei: isto é o meu corpo"... "Tomai todos e bebei, isto é o meu sangue, o sangue da aliança, derramado por vós e por muitos, para a remissão dos pecados" (Mt 26,26-28).

Trata-se do pão e do vinho da eucaristia, que Cristo quis deixar-nos precisamente para nutrir nossa fé e alimentar nosso amor com sua presença e a participação em sua vida divina. Compreender isto é verdadeiramente importante para nossa vida, para nossa relação com Deus e com os outros. Procurarei, então, abrir para ti meu coração e dizer-te o que significa para mim o pão da vida. Falar-te-ei que já vivo há tantos anos e – graças a Deus – com sempre novo entusiasmo, esperando comunicar-te o desejo de encontrar frequentemente Jesus no pão eucarístico, para dar sabor e beleza a tua vida.

A celebração da eucaristia nos coloca no coração do mesmo Deus Trindade, enquanto nos coloca em relação com os Três, que são um no amor. A ação de graças dirigida ao Pai por todos os seus benefícios nos coloca em plena continuidade com a tradição hebraica da bênção dirigida àquele que é o Santo e bendito nos séculos, o Deus vivente. Dar graças a Deus significa

13. O Pão da esperança

reconhecer o absoluto primado de sua iniciativa de amor, louvá-lo pelas maravilhas por ele realizadas na criação e na redenção e significa invocar os dons, que somente dele procedem e se realizarão em plenitude em seu Reino. A ceia do Senhor nos ensina assim viver toda a nossa vida em espírito de agradecimento, de adoração e de oferta, ajudando-nos a relacionar tudo a Deus como a primeira fonte e a última meta, abrindo nosso coração ao acolhimento do dom da graça, que somente vem dele. Quem agradece se reconhece amado. Agradecer é belo, agradecer é alegria: por isso quem celebra a eucaristia e a vive em seu profundo sentido aprende a ser mais rico de humanidade e de amor. A eucaristia é escola de agradecimento, o exercício da gratuidade do amor.

Enquanto memorial da Páscoa do Filho, a eucaristia torna presente o sacrifício da cruz de Jesus e se oferece como convite pascal, em que se participa verdadeiramente de seu corpo e sangue: o Crucificado Ressuscitado é realmente presente nos sinais do pão e do vinho, desta forma é que a Santa Ceia é o sacramento do encontro com Ele, a participação de seu mistério pascal, que nos reconcilia com Deus. Unindo-se ao sacrifício, que Cristo realizou uma vez para sempre sobre a cruz e que se torna presente no sacramento do altar, quem vive a eucaristia se oferece ao Pai e entra na paz da reconciliação realizada em Jesus morto e ressuscitado por nós. A participação a sua páscoa vem expressa no ato de comunhão, na qual os crentes se nutrem do único pão e do único cálice para tornarem-se o Corpo de Cristo, a Igreja (1Cor 10,16-17): "Quem come Cristo", diz Santo Agostinho, "torna-se Cristo". Por isso a participação na eucaristia culmina na comunhão do corpo e do sangue de Jesus, para a qual se deve preparar mediante a conversão do coração e a fé. Nutridos pelo pão da vida, podemos pregustar da alegria do Reino, que vem, e antecipá-la em nossa peregrinação terrena: a vida, sustentada pelo alimento eucarístico, é direcionada ao futuro da promessa de Deus e experimenta ao mesmo tempo a alegria do dom já recebido e a esperança na promessa não ainda plenamente cumprida. A eucaristia é a escola de esperança que não desilude e que é em pessoa o Senhor Jesus!

A eucaristia é, enfim, invocação do Espírito Santo, que atualiza no tempo a presença e a obra de Cristo. A Igreja invoca do Pai o dom do Espírito Santo, que torna presente o Senhor Jesus morto e ressusci-

13. O Pão da esperança

tado nos sinais sacramentais e estende a reconciliação por Ele realizada a todos os que deste participam e à humanidade inteira pela qual intercedem. Graças à obra do Espírito Santo não somente o Ressuscitado se torna presente nos sinais do pão e do vinho, mas transforma também a comunidade celebrante em seu corpo presente na história. Por isso a Igreja direciona ao Pai uma dupla invocação: "Mandai o vosso Espírito para santificar os dons que vos oferecemos" e "a nós, que nos alimentamos com o Corpo e o Sangue do vosso Filho, sejamos repletos do Espírito Santo e nos tornemos um só corpo e um só espírito". A participação na eucaristia abre o coração para a ação do Espírito, ajudando-nos a viver como pessoas reconciliadas com Deus, com nós mesmos e com as outras pessoas e a anunciar e a doar aos outros a graça da comunhão, que nos foi doada. Sacramento da unidade da Igreja, a Eucaristia é força para sanar as feridas, fonte e motivo de empenho na caridade e na justiça ao serviço da unidade e da paz da família humana. A eucaristia é a escola do amor, que nasce e se exprime na comunhão com Deus e entre nós!

Depois de ter reconhecido Jesus no partir o pão e tê-lo recebido em nós, podemos, também nós, dirigir-

Viver com Amor

mo-nos a ele como os dois discípulos no caminho de Emaús: "Fica conosco, Senhor". E assim, no entardecer da vida, poderemos repetir: "Fica conosco, porque é tarde e o dia já declina" (Lc 24,29), para entrar com Ele no dia sem ocaso da beleza de Deus. Pedimos a Ele com as palavras de um enamorado da Eucaristia, João Paulo II: "Fica conosco, Senhor! Como os dois discípulos do Evangelho, imploramos-te: Permanece conosco! Tu, divino viajante, especialista de nossas estradas e conhecedor de nosso coração, não nos deixes prisioneiros das sombras da noite. Sustenta-nos no cansaço, perdoa nossos pecados, orienta nossos passos nos caminhos do bem... Na eucaristia te fizeste 'farmacêutico da imortalidade': dá-nos o gosto de uma vida plena, que nos faça caminhar sobre esta terra como peregrinos confiantes e alegres, olhando sempre a meta da vida que não tem fim. Fica conosco, Senhor! Permanece conosco!"

14

O perdão para viver

Todos temos necessidade de perdão. A quem o pedir? A Deus, antes de tudo, porque ninguém nos ama como ele. E como estarmos certos de tê-lo recebido? É preciso mesmo ir a um sacerdote para contar os próprios pecados para saber se está perdoado? Por que dizer as mesmas coisas, especialmente aquelas de que tenho vergonha, até para mim mesmo, a alguém que é pecador como eu e que talvez avalie de modo completamente diferente de minhas experiências e não as entende de jeito nenhum? E, ainda, existe verdadeiramente o pecado? Começo respondendo a essa última pergunta: O pecado existe, e não é somente um mal, como também faz mal. Basta olhar as cenas cotidianas do mundo, em que violências, guerras, injustiças, opressões, egoísmos, ciúmes e vinganças crescem. Quem crê no amor de Deus percebe como o pecado é amor voltado para si mesmo ("amor curvo", diziam os medievais), ingratidão de quem responde ao amor com indiferença e rejeição. Essa rejeição tem consequências não somente para quem a vive, mas também para a sociedade inteira, até produzir condicionamentos e tramas dos egoísmos e das violências que constituem as verdadeiras e próprias "estruturas de pecado". Precisamente por isto não se deve hesitar sublinhar o quanto seja grande a tragédia do pecado e quanto a perda do sentido do pecado – bem diverso daquela doença da alma, que chamamos "senso de culpa" – enfraquece o coração diante do espetáculo do mal e das seduções de satanás, o adversário que procura nos separar de Deus.

14. O perdão para viver

Não obstante tudo, porém, não diria que o mundo é mau e que fazer o bem é inútil. Sou, antes, convencido de que o bem existe e é muito maior que o mal, que a vida é bela e que viver retamente, por amor e com amor, vale verdadeiramente a pena. A razão profunda, que me faz pensar assim, é a experiência da misericórdia de Deus, que faço e vejo resplandecer em tantas pessoas humildes: é uma experiência que vivi tantas vezes, seja dando o perdão como ministro da Igreja, seja recebendo-o. São anos que me confesso regularmente, várias vezes por mês e com a alegria de fazê-lo. A alegria nasce de sentir--me amado de um modo novo a cada vez que o perdão de Deus me alcança por meio do sacerdote que o dá a mim em seu nome. E a alegria que vi tantas vezes no rosto de quem vinha confessar: não um fútil sentido de leveza de quem "esvaziou um saco", mas a paz de sentir-se bem "dentro", tocado no coração por um amor, que sara, que vem do alto e nos transforma. Pedir com convicção, receber com gratidão e dar com generosidade o perdão é fonte de uma paz que não tem preço!

Perguntas-me então: porque precisa confessar a um sacerdote os próprios pecados e não pode fa-

Viver com Amor

zer isso diretamente a Deus? Certamente é sempre a Deus que se volta quando se confessam os próprios pecados. Que seja, porém, necessário também fazê-lo diante de um sacerdote nos faz entender o próprio Deus: escolhendo enviar seu Filho em nossa carne, Ele demonstra querer encontrar-nos, mediante um contato direto, que passa por meio dos sentidos e linguagem de nossa condição humana. Como ele saiu de si por amor a nós e veio "tocar-nos" com sua carne, assim nós somos chamados a sair de nós mesmos por amor a Ele e ir com humildade e fé a quem pode nos dar o perdão em nome dele com palavras e gestos.

Somente a absolvição dos pecados, que o sacerdote confere no sacramento da reconciliação, pode comunicar-nos a certeza interior de estarmos verdadeiramente perdoados e acolhidos pelo Pai, que está nos céus, porque Cristo deu ao ministério da Igreja o poder de ligar e de desligar, de excluir e de admitir na comunidade da aliança (Mt 18,17-20). Ele, ressuscitado dos mortos, disse aos apóstolos: "Recebeis o Espírito Santo; a quem perdoardes os pecados eles serão perdoados, e a quem não os perdoardes eles lhe serão retidos" (Jo 20,22-23). Por isso se confessar a um sa-

14. O perdão para viver

cerdote é totalmente diferente de o fazer no segredo do coração, pois nós estamos expostos a tantas inseguranças e ambiguidades que enchem a vida e a história. Sozinho não saberás nunca se a graça de Deus te tocou verdadeiramente ou foi tua emoção, se quem te perdoou foste tu ou Ele pela via que Ele escolheu. Absolvido por quem o Senhor escolheu e enviou como ministro do perdão, poderás experimentar a liberdade que só Deus doa e entenderás por que confessar-se é fonte de paz.

A confissão é ainda o encontro com o perdão divino, ofertado a nós em Cristo e transmitido a nós mediante o ministério da Igreja. Neste sinal eficaz da graça nos vem ofertado o rosto de um Deus, que conhece como ninguém nossa condição humana e se faz próximo com terníssimo amor. Isso nos demonstram os inumeráveis episódios da vida de Jesus, do encontro com a Samaritana à cura do paralítico, do perdão à adultera às lágrimas diante da morte do amigo Lázaro... Desta proximidade terna e misericordiosa de Deus, temos uma grande necessidade, como demonstra também um simples olhar a nossa existência: cada um de nós convive com as próprias fraquezas, passa por enfermidades, aproxima-se da morte, percebe o desafio das perguntas que tudo isto acende no coração.

Portanto, ainda que desejássemos fazer o bem, a fragilidade que nos caracteriza nos expõe continuamente ao risco de cair na tentação. O apóstolo Paulo descreveu com precisão essa experiência: "Há em mim o desejo do bem, mas não a capacidade de realizá-lo; de fato eu não cumpro o bem que quero, mas o mal que não quero" (Rm 7,18-19). É o conflito interior do qual nasce a invocação: "Quem me libertará deste corpo de morte?" (Rm 7,24). A esta responde de modo particular o sacramento do perdão, que vem socorrer-nos sempre, de novo, em nossa condição de pecado, alcançando-nos com a potência curativa da graça divina e transformando nosso coração e os comportamentos nos quais nos exprimimos.

Por isso a Igreja não se cansa de propor-nos a graça desse sacramento durante o caminho inteiro de nossa vida: por meio dela, Jesus, verdadeiro médico, vem carregar nossos pecados e acompanhar-nos, continuando sua obra de cura e salvação. Por meio das palavras de absolvição, pronunciadas por um homem pecador, que, no entanto, é escolhido e consagrado para o ministério, é Cristo mesmo quem acolhe o pe-

14. O perdão para viver

cador arrependido e o reconcilia com o Pai e, no dom do Espírito Santo, renova-o como membro vivo da Igreja.

Reconciliados com Deus, somos acolhidos na comunhão vivificante da Trindade e recebemos em nós a vida nova da graça, o amor que só Deus pode infundir em nossos corações: o sacramento do perdão renova, assim, nossa relação com o Pai, com o filho e com o Espírito Santo, em cujo nome nos é dada a absolvição das culpas. Como mostra a parábola do pai e dos dois filhos, o encontro da reconciliação culmina com o banquete de iguarias saborosas, no qual se participa com o vestido novo, o anel e os calçados nos pés (Lc 15,22-24): imagens que exprimem a alegria e a beleza do dom ofertado e recebido. Verdadeiramente, para usar as palavras do pai da parábola, necessita fazer festa e alegrar-se, "porque este meu filho estava morto e tornou a vida, estava perdido e foi reencontrado" (Lc 15,24). Como é bonito pensar que este filho pode ser cada um de nós!

Voltemo-nos ao Pai celeste para que seja assim: "Deus de misericórdia, como o pai do filho pródigo tu aceitas nosso retorno, com a esperança e a fidelidade de teu coração divino: e, quando decidimos retornarmos a ti, fazes festa em tua casa para nós e serves um banquete. Temos então necessidade de dizer a ti, na verdade do coração e da vida, a palavra do filho reencontrado: 'Pequei contra ti, não sou digno de ser chamado teu filho'. E tu nos oferece um abraço de perdão no gesto sacramental de tua Igreja. Em teu Filho, o crucifixo Redentor do mundo, tu abriste ao bom ladrão as portas do paraíso e continuas a abrir a cada pecador arrependido o acesso em teu Reino. Doa-nos teu Espírito Santo, fonte de paz e de amor, para que, purificados de cada culpa e reconciliados contigo na comunhão de teus santos, caminhemos na história como filhos da luz e sejamos para todos testemunhas da alegria, que vem somente de ti, e operários da reconciliação, que só é possível em ti. Amém!".

15

A Oração

Perguntas-me: para que rezar? Respondo-te: para viver. Sim: para viver verdadeiramente, necessitas rezar. Por quê? Porque viver é amar: uma vida sem amor não é vida. A solidão vazia é prisão e tristeza. Vive verdadeiramente só quem ama: e ama somente quem se sente amado, alcançado e transformado pelo amor. Como a planta não dá seu fruto se não é alcançada pelos raios do sol, assim o coração humano não se abre à vida verdadeira e plena se

Viver com Amor

não é tocado pelo amor. Ora, o amor nasce do encontro e vive do encontro com o amor de Deus, o maior e verdadeiro de todos os amores possíveis, antes, o amor além de nossas definições e de cada possibilidade nossa. Rezando, deixamo-nos amar por Deus e nascemos para o amor, sempre de novo. Por isso quem reza vive, no tempo e para a eternidade. E quem não reza? Quem não reza está em risco de morrer por dentro, porque lhe faltará antes ou depois o ar para respirar, o calor para viver, a luz para ver, o nutriente para crescer e a alegria para dar sentido à vida.

Dizes-me: mas eu não sei rezar! Como rezar? Respondo-te: começa a dar um pouco de tempo a Deus. De início, o importante não será que este tempo seja tanto, mas que tu possas dá-lo fielmente. Fixa um tempo para dar ao Senhor e dá-lo fielmente, quando sentires vontade de fazê-lo ou quando não sentires. Procura um lugar tranquilo, onde, se possível, haja um sinal que te atraia para presença de Deus (uma cruz, um ícone, uma Bíblia, o Tabernáculo com a Presença Eucarística...). Recolhe-te em silêncio: invoca o Espírito Santo para que seja ele a gritar em ti: "Abbá, Pai!". Coloca Deus em teu coração, ainda se está em tumulto: não tenhas medo de dizer-lhe tudo, não são só tuas dificuldades e

15. A Oração

tua dor, teu pecado e tua incredulidade, mas também tua rebelião e teu protesto, se os sentes dentro de ti.

Tudo isso, coloca nas mãos de Deus: recorda que Deus é Pai-Mãe no amor, que tudo acolhe, tudo perdoa, tudo ilumina, tudo salva. Escuta seu silêncio: não pretendas ter logo as respostas. Persevera. Como o profeta Elias, caminha no deserto em direção ao monte de Deus: e, quando tiveres te aproximado dele, não o procures no vento, no terremoto ou no fogo, nos sinais de força ou de grandeza, mas na voz do silêncio sutil (1Rs 19,12). Não pretendas agarrar a Deus, mas deixa que ele passe em tua vida e em teu coração, toque-te a alma e se faça contemplar por ti ainda só que de perfil. Escuta a voz de seu silêncio. Escuta sua Palavra de vida: abra a Bíblia, medita-a com amor, deixa que a palavra de Jesus fale a teu coração e de teu coração; lê os Salmos, em que encontrarás expresso tudo o que desejares dizer a Deus; escuta os apóstolos e profetas; enamora-te das histórias dos patriarcas, do povo eleito e da Igreja nascente, onde encontrarás a experiência da vida vivida no horizonte da aliança com Deus. E quando tiveres escutado a Palavra de Deus, caminha ainda por um tempo nos caminhos do silêncio, deixando que seja o Espírito a unir-te a Cristo, Palavra eterna do Pai. Deixa que seja

Viver com Amor

Deus Pai a plasmar-te inteiramente com suas mãos: o Verbo e o Espírito Santo.

Inicialmente, poderá parecer para ti que o tempo para tudo isso seja muito longo, que não passará nunca: persevera com humildade, dando a Deus todo o tempo que consegues dar, nunca menos, no entanto, de quanto estabeleceste poder dar a ele cada dia. Verás que, de encontro em encontro, tua fidelidade será premiada e te darás conta de que aos poucos o gosto da oração crescerá em ti, e aquilo que no início parecia inalcançável tornar-se-á cada vez mais fácil e belo. Entenderás então que aquilo que conta não é ter respostas, mas colocar-se à disposição de Deus: e verás que quanto mais colocares em oração mais serás transfigurado. Assim, quando rezares com o coração em tumulto, se perseverares, dar-te-ás conta de que, depois de ter rezado bastante, não terás encontrado respostas a tuas perguntas, mas as mesmas perguntas serão derretidas como a neve ao sol, e em teu coração encontrarás uma grande paz: a paz de estares nas mãos de Deus e de deixar-te conduzir docilmente por ele, para onde Ele preparou para ti. Então, teu coração renovado poderá cantar o cântico novo, e o Magnificat de Maria sairá espontaneamente de teus lábios e será cantado com eloquência por tuas obras.

15. A Oração

Saibas, porém, que não faltará em tudo isso as dificuldades: às vezes não conseguirás fazer calar o barulho que está em volta de ti e em ti, às vezes, sentirás o cansaço ou até mesmo desgosto de colocar-te a rezar; às vezes, ficarás impaciente, e qualquer ato te parecerá preferível a estar em oração diante de Deus e ter perdido "tempo". Sentirás, enfim, as tentações do Maligno, que procurará de todos os modos separar-te do Senhor, distanciando-te da oração. Não temas: as mesmas provas que tu vives foram vividas pelos santos antes de ti, e, muitas vezes, foram mais pesadas que as tuas. Continuas somente a ter fé. Persevera, resiste e recorda que a única coisa que podes verdadeiramente dar a Deus é a prova de tua fidelidade. Com a perseverança, salvarás tua oração e tua vida.

Peçamos juntos a Deus este dom com as palavras de uma antiquíssima invocação, contida em um papiro: "Se te vemos, Senhor, não morreremos. Se confessamos teu nome, não correremos o risco de perder-te. Se te pedimos, seremos escutados. Dá-nos, Senhor, o vigor de nossa força primitiva, digna-te a manter-nos nela sem interrupções até o fim. Dá-nos a graça de ser confirmados e fortificados até a plena estatura e até o cumprimento perfeito".

16

A provação

"Sem dor, não se vive no amor", disse a Imitação de Cristo. Também em tua história de amor com Deus verás o tempo da dor, aquela hora da provação ou da "noite escura", como a chamam os místicos, em que tudo te parecerá árido e até mesmo absurdo nas coisas de Deus: não temas viver esse sofrimento da aridez. É aquela a hora em que Deus mesmo está a lutar contigo: remove de ti cada pecado, com a confissão humilde e sincera de tuas culpas e o perdão

Viver com Amor

sacramental, doa a Deus ainda mais teu tempo, deixa que a noite dos sentidos e do espírito se tornem para ti a hora da participação da paixão do Senhor. Àquela altura será Jesus mesmo a portar tua cruz e a conduzir--te consigo rumo à alegria da Páscoa. Então, não te assombrarás considerar até mesmo amável aquela noite, porque a verás transformada em uma noite de amor, inundada da alegria da presença do amado, cheia do perfume de Cristo, luminosa pela luz da Páscoa.

Não tenhas medo, então, das provas e das dificuldades em tua vida de fé: recorda somente que Deus é fiel e não te dará nunca uma provação sem te dar o caminho de saída e não te exporá jamais a uma tentação sem dar-te força para suportá-la e vencê-la. Permite-se amar por Deus: como uma gota de água, que evapora sob os raios do sol e sobe ao alto e retorna a terra como chuva fecunda ou sereno consolador, assim deixas que todo o teu ser seja trabalhado por Deus, pasmado de amor dos Três, que são Um, absorvido neles e restituído à história como dom fecundo. Deixa que a oração faça crescer em ti a liberdade em cada medo, a coragem e a audácia do amor, a fidelidade às pessoas que Deus te confiou e as situações que ele te colocou sem procurar fugas ou

16. A provação

consolações a qualquer preço. Aprende, rezando, a viver a paciência de atender aos tempos de Deus, que não são teus, e a seguir os caminhos de Deus, que tantas vezes não são teus caminhos.

Um dom particular que a fidelidade e a perseverança na oração te darão é o amor aos outros: mais te esforçarás para ser fiel, mais rezarás, mais sentirás misericórdia de todos, mais desejarás ajudar quem sofre, mais haverás fome e sede de justiça por todos, especialmente pelos mais pobres e fracos, mais aceitarás carregar os pecados dos outros para completar em ti aquilo que falta à paixão de Cristo para o bem de seu corpo, a Igreja. Rezando e amando com fidelidade, sentirás também como é belo estar na barca de Pedro, solidário com todos, sustentado pela oração de todos, pronto a servir aos outros com gratuidade, sem nada pedir em troca. Rezando e perseverando no amor, sentirás crescer em ti a paixão pela unidade do corpo de Cristo e de toda a família humana. A fidelidade, sustentada pela oração, é a escola do amor verdadeiro, porque é vivendo-a que poderás reconhecer-te infinitamente amado e nascer sempre de novo a generosidade, que toma a iniciativa do perdão e do dom sem cálculos, para além de cada medida de cansaço.

Viver com Amor

Rezando, aprende-se a rezar, amando, aprende-se a amar e se saboreiam os frutos do Espírito, que fazem verdadeira e bela a vida: "amor, alegria, paz, paciência, benevolência, bondade, fidelidade, mansidão, domínio de si" (Gl 5,22). Rezando e amando fielmente, tornas--te amor e a vida conquista o sentido e a beleza desejada por Deus. Rezando e perseverando na caridade se adverte sempre mais a urgência de levar o Evangelho a todos, até os extremos confins da terra. Rezando e amando se descobrem os infinitos dons do amado e se aprende sempre mais a render graças a Ele em cada coisa. Rezando, vive-se. Rezando, ama-se. Rezando, louva-se. E o louvor é a alegria e a paz maior de nosso coração inquieto, no tempo e para a eternidade. Desejaria, ainda, desejar-te o dom mais belo, a oração animada pela caridade. Peço a Deus por ti. Tu não hesites a pedi-lo por mim e por ti. Rezando e amando com fidelidade o Deus, que é amor, entrarás nos abismos da Trindade Santa, escondido com Cristo em Deus, envolvido por um amor eterno, fiel e sempre novo. Quem reza com Jesus e nele, quem reza a Jesus ou ao Pai de Jesus invoca seu Espírito, não reza a um Deus genérico e distante, mas reza em Deus, no Espírito, pelo Filho, ao Pai. E do Pai, por meio de

16. A provação

Jesus, no sopro divino do Espírito, receberás cada dom perfeito, a ele conveniente e por ele sempre preparado e desejado. O dom da caridade perfeita que nos espera. Que te espera.

Peçamos com confiança este dom: "Pai Santo, tu me chamaste no deserto para falares ao coração do meu coração, tu, contra quem eu lutei e hás vencido, fazes com que, renunciando a meus álibis e as minhas defesas, tenha finalmente a coragem de deixar-me amar por ti, de deixar-me contemplar teu rosto penetrante e criador. Vem em mim com o fogo de teu Espírito Santo: configura-me a teu Filho, Jesus Cristo, nos mistérios de sua história de encarnação, de morte e de ressurreição. leva-me ao frescor das fontes, onde repousa meu cansaço e minha dor. Seja teu Espírito desejado por mim, consolação e inquietude santa. E, quando o Espírito tiver inundado minha paciente oração, como inundou um dia a escuta acolhedora da Virgem Mãe Maria, trazendo-me a consciência de estar em ti e de tu e teu Filho estarem comigo, poderei, luz da luz, testemunhar-te aos homens em uma perene ação de graças. Amém".

17

A vocação

Se me perguntasses o que pode dar verdadeiramente sentido à vida, não hesitaria em dizer-te: vivê-la como resposta à vocação para a qual Deus nos chamou. Ninguém nos conhece e nos ama como aquele, que nos criou: somente Ele sabe qual é nosso verdadeiro bem e, por isso, unicamente respondendo à vocação que Ele pensou para nós, poderemos ser verdadeiramente livres e felizes. Somente uma vida que atinja as fontes eternas e aponte com decisão à pátria, onde Deus será tudo em todos, poderá ser mais forte que a morte, remida no tempo e para a eternidade. A essa luz, a vocação é como o vínculo vital que une e ancora o habitante do tempo a sua pátria eterna e a seu destino último. Exatamente por isso, ela vem de Deus, fonte da vida: "O Senhor Deus plasmou o homem com pó da terra e soprou em suas narinas um hálito de vida, e o homem tornou-se um ser vivente" (Gn 2,7). A vida é de Deus e somente a Ele devemos dar conta dela. A Ele podemos sempre de novo invocá-la, a Ele devemos restituí-la, presenteando-lha na oferta reconhecida de todo o nosso ser.

O Deus da vida tem, para cada vivente, um plano de amor, que, no caso da criatura humana, passa por um chamado e uma livre resposta de aceitação ou de rejeição. Nenhum de nós é um número perante o Eterno. Para cada ser humano, Ele tem pensamentos de paz e de beleza. Vinda da superabundante riqueza do amor de Deus, a vocação não pode senão ser orientada a Ele como última realização e meta: somos feitos por Deus, e nosso coração está inquieto enquanto não repousar Nele! Exatamente assim, a vida plenamente

17. A vocação

vivida é como um sopro que anima todos os nossos impulsos, especialmente aqueles da consciência, e os orienta àquele do qual provêm e para o qual tendem.

Confiar-se incondicionalmente ao Eterno é, então, condição fundamental para viver a própria vocação, quase nascendo sempre de novo sob o olhar e no sopro do amor divino: "O único ato com o qual o homem pode corresponder ao Deus que se revela é aquele da disponibilidade ilimitada" (Hans Urs von Balthasar). Somente a docilidade incondicional se torna aberta à ação do Espírito, do qual se faz experiência na obediência da fé: acolher a vocação é deixar-se conduzir como folha ao vento de Pentecostes, renovando a cada dia o sim ao Deus que chama. O sopro divino do Espírito vem, então, infundir em nós o amor divino (Rm 5,5), graças ao qual nos tornamos capazes de amar para além de qualquer falha e para além de qualquer medida de cansaço. Sob a ação do Espírito os filhos, tornados tais no Filho, deixam-se docilmente plasmar e conduzir por Deus: "Todos aqueles que, de fato, são guiados pelo Espírito de Deus, estes são filhos de Deus" (Rm 8,14).

É no perder, assim, a própria vida que se a encontra verdadeiramente; é na docilidade ao vento

Viver com Amor

do Espírito que cada dom que nos é dado pode ser reconhecido e acolhido, para ser, por sua vez, doado.

Viver a vida como resposta à vocação a que Deus nos chama é destinar-se a Ele e aos outros no amor, na força do Espírito, em um sempre novo êxodo de si sem retorno, que é o caminho da fé e do amor, no qual nos é dado alcançar a realização de nosso ser e de nosso agir, segundo o plano de Deus. Por isso cada vida vivida com amor, cada realização do chamado divino no acolhimento de fé se cumpre no sopro do Espírito a ser invocado incessantemente, fielmente, com ardor: e, por isso, ela tem necessidade do discernimento e de quem nos guie e nos acompanhe. Os jovens especialmente, mas não somente eles, têm necessidade de reportar-se a pessoas experientes, orantes, ricas em espírito contemplativo, que, como verdadeiros mestres no Espírito, possam guiá-los nos caminhos de Deus, sem jamais os substituir, quase que na ponta dos pés diante do mistério santo da liberdade de cada um.

É assim que o coração de quem procura poderá reconhecer a própria estrada em Deus, dispondo-se por completo ao sopro divino e acolhendo-o em si, de modo a deixar-se impelir rumo a um compromisso de vida total, definitivo e eterno, apesar da variedade das

17. A vocação

vias nas quais se abre a criatividade do amor divino. A vocação exige toda a vida do homem e requer uma resposta incondicional, uma fidelidade sem reconsiderações e sem lamentações. Por isso precisa estar sempre sob o sopro de Deus em espírito de oração, de modo a experimentar a beleza da própria vida como resposta ao dom da vocação que vem dele e a Ele retorna, no tempo do sorriso bem como naquele das lágrimas, na fidelidade da semeadura bem como na alegria da colheita. Também a realização última e os frutos da resposta dada à vocação, com fidelidade, são, em suma, confiados a Deus, único que conhece as vias misteriosas de sua graça no tempo e no coração dos homens. Às vezes, a vocação de nossa vida poderá até parecer insignificante ou infecunda. O que conta é acolhê-la do Eterno e a Ele restituí-la em cada instante, sem cálculo ou condições, em humilde e adorante oferta de fé e de amor, pagos somente pela felicidade que dura para sempre, aquela de amar a Deus e de ser amado infinitamente por Ele.

Peçamos ao Senhor, com as palavras apaixonadas de Charles de Foucauld: "Meu Pai, eu me abandono a ti. Faz de mim o que te agrada. Qualquer coisa que faças de mim agradeço-te. Estou pronto a tudo,

Viver com Amor

aceito tudo, para que tua vontade se cumpra em mim e em todas as tuas criaturas: não desejo mais nada, meu Deus. Entrego minha alma em tuas mãos, dou-a a ti, meu Deus, com todo o amor de meu coração, porque te amo e é para mim uma exigência de amor o doar-me e entregar-me em tuas mãos sem medida, com uma confiança infinita, porque tu és meu Pai. Amém!".

18

O amor

Perguntas-me: Por que o amor é tão importante para se viver? Respondo-te: porque somos feitos para amar! Criados por amor pelo Deus, que é amor, por amor nascemos e por amor vivemos. Ser amado é a alegria da vida, não sê-lo e não saber amar é infinita tristeza. "Quem não ama permanece na morte" (1Jo 3,14): somente quem ama existe verdadeiramente! Isso quer dizer que ninguém pode viver unicamente para si: existir é sair de si para ir em direção ao outro e acolhê-lo no próprio coração. Para amar é necessário haver, pelo menos, dois: quem ama reconhece o outro em sua diversidade, mesmo que tenda a tornar-se um com ele, não suprimindo as diferenças, mas oferecendo a si mesmo ao outro e acolhendo o outro como dom no mais profundo de si. O amor é, ao mesmo tempo, êxodo sem retorno, oferta generosa de si e acolhimento respeitoso e grato do outro: "Tu, Pai, estás em mim e eu em ti" (Jo 17,21). Exatamente assim, o amor vive de gratuidade, de gratidão e de reciprocidade.

Na vida de amor há, antes de tudo, a gratuidade, o sair de si para doar-se ao outro apenas pela alegria de amar. Sem a iniciativa do bem, sem a coragem de começar a amar os outros no dom de si, jamais uma história de amor poderá iniciar. Há depois – e não é menos importante – a gratidão ao outro, o reconhecimento de quem aceita o amor de outrem deixando-se amar. Saber receber é ao menos tão importante quanto saber doar. E há, finalmente, a reciprocidade, o dom que se faz acolhimento e o acolhimento que doa; o ser livre de si para tornar-se um com o outro e o estar em comunhão com o outro para viver juntos uma nova liberdade, um com respeito ao outro e juntos para com os outros. Somente quem percorre a via comprometedora da gratuidade, da gratidão e da recipro-

18. O amor

cidade, livre e libertadora, com o outro, avança na verdade do amor e se abre ao sentido último do viver e do morrer. Também a esta luz se compreende porque "ao entardecer da vida seremos julgados pelo amor" (São João da Cruz). Contudo, se se olha o vasto mundo das relações humanas, a evidência da falência do amor parece absolutamente inquietante. Feito para amar, parece que o homem não é capaz de amar; originado do amor, parece tantas vezes não saber dar e suscitar amor. A resistência a amar se apresenta em três formas fundamentais, que paralisam a vida do amor: a posse, a ingratidão e o aprisionamento. A posse é o oposto da gratuidade: é a atitude de quem se põe no centro e faz norma e medida do outro. A posse paralisa o amor, porque impede o dom: ela rejeita o êxodo de si sem retorno e, querendo dominar o outro, torna, na realidade, escravo da morte quem é incapaz de gratuidade. A ingratidão é o oposto do acolhimento do amor: ela impede que o agradecimento saia dos lábios e do coração. Onde não nos deixamos amar, o amor fica bloqueado: onde não há gratidão, o dom é perdido. Exatamente assim, a ingratidão torna triste a vida. O aprisionamento, finalmente, é a posse ao plural, o ciúme recíproco e aprisionador, o medo de perder o instante alcançado. Ele separa dos

Viver com Amor

outros, terminando por extinguir a fonte do amor. A linguagem do amor torna-se nele silêncio vazio, fatigada repetição. Posse, ingratidão e aprisionamento são as doenças na história do amor: elas terminam por esvaziar exatamente o que realiza o milagre do amor, antecipação da eternidade no tempo.

Quem tornará, então, o homem capaz de amar? Quem o libertará do ciúme da posse, da amargura da ingratidão e da tentação do aprisionamento? Tornamo-nos capazes de amar quando nos descobrimos amados por primeiro, envolvidos e conduzidos pela ternura do amor em direção a um futuro que o amor constrói em nós e por nós; fazer essa descoberta é crer e confessar o amor eterno de Deus. Reconhecendo-se amado por Deus com um amor fiel para sempre, o homem pode tornar-se capaz de amar seu próximo: "Nós amamos, porque Ele nos amou por primeiro" (1Jo 4,19).

Na escola do Deus, que é amor, aprendemos a construir relações de diálogo verdadeiro e fecundo com o outro e a viver aquele reconhecimento do outro como dom a acolher, que é essencial ao diálogo. Dialogando, libertam-se as energias escondidas do amor, e a existência, longe de fechar-se inautenticamente em si mesma, projeta-se para fora de si, fazendo-se serviço e

18. O amor

dom. A fadiga de amar pode ser, então, sustentada por uma existência verdadeiramente dialógica e conduzida a ela, somente se nos apercebemos ser interpelados por primeiro por um outro no diálogo do amor. A fé na Trindade do Deus Amor é o fundamento mais radical de um estilo de vida inspirado e plasmado no amor: "Nisto reconhecerão todos que sois meus discípulos, se tiverdes amor uns pelos outros" (Jo 13,35).

Se queres realizar tua vida no amor, não tenhas medo, então, de recorrer ao Deus, que é amor, com admiração e tremor, mas também com humilde confiança e alegria. Nessa atitude dócil de invocação e de espera, experimentas verificar tua capacidade de amar por aquele que é chamado o hino do amor, proposto pelo Apóstolo Paulo: "Ainda que eu falasse línguas, as dos homens e as dos anjos, se eu não tivesse a caridade, seria como um bronze que soa ou como um címbalo que tine. Ainda que eu tivesse o dom da profecia, o conhecimento de todos os mistérios e de toda a ciência, ainda que tivesse toda a fé, a ponto de transportar as montanhas, se não tivesse a caridade, eu nada seria. Ainda que eu distribuísse todos os meus bens aos famintos, ainda que entregasse meu corpo às chamas, se não tivesse a caridade, isso nada me adiantaria. A caridade é paciente, a caridade é

Viver com Amor

prestativa, não é invejosa, não se ostenta, não se incha de orgulho. Nada faz de inconveniente, não procura seu próprio interesse, não se irrita, não guarda rancor. Não se alegra com a injustiça, mas se regozija com a verdade. Tudo desculpa, tudo crê, tudo espera, tudo suporta. A caridade jamais passará. Quanto às profecias, desaparecerão. Quanto às línguas, cessarão. Quanto à ciência, também desaparecerá... Agora, portanto, permanecem fé, esperança e caridade, essas três coisas. A maior delas, porém, é a caridade" (1Cor 13,1-8.13).

Com palavras que bem exprimem o espírito de São Francisco, peçamos a Deus o dom deste grande amor: "Senhor, fazei-me instrumento de vossa paz: onde houver ódio, que eu leve o amor. Onde houver ofensa, que eu leve o perdão. Onde houver discórdia, que eu leve a união. Onde houver dúvida, que eu leve a fé. Onde houver erro, que eu leve a verdade. Onde houver desespero, que eu leve a esperança. Onde houver tristeza, que eu leve a alegria. Onde houver trevas, que eu leve a luz. Ó Mestre, fazei que eu procure mais: consolar que ser consolado, compreender que ser compreendido, amar que ser amado. Pois é dando que se recebe; é perdoando que se é perdoado e é morrendo que se vive para a vida eterna".

Epílogo

Sobre a tumba branca
resplende luminosa tranquilidade,
como se algo nos levantasse no alto,
como se confortasse a esperança.

Com esses versos, repletos de pungente ternura, o futuro Papa João Paulo II recordava sua mãe, que morreu muito cedo.

De maneira fulgurante, essas palavras mostram como o espetáculo da vida terrena é, para quem crê, totalmente diferente de um teatro destinado ao nada, pois é história amada, feita de carne e de sangue, à qual o Filho de Deus feito homem quis unir-se. Exatamente por isso quem se abre ao dom da fé, longe de fugir dos sofrimentos do mundo, deverá conjugar a fidelidade ao céu, a fidelidade a terra, para dizer, nas palavras e nos gestos de cada dia, a infinita beleza de Deus na humildade de nossos fragmentos.

O Redentor do homem fala ao coração do viajante, fazendo-o arder de novo amor, e se põe a seu lado, como aos dois em caminho na estrada de Emaús, para abrir os olhos à luz e o coração à esperança.